筑摩選書

新井一二三
Arai Hifumi

台湾物語

「麗しの島」の過去・現在・未来

台湾物語　目次

台湾物語

「麗しの島」の過去・現在・未来

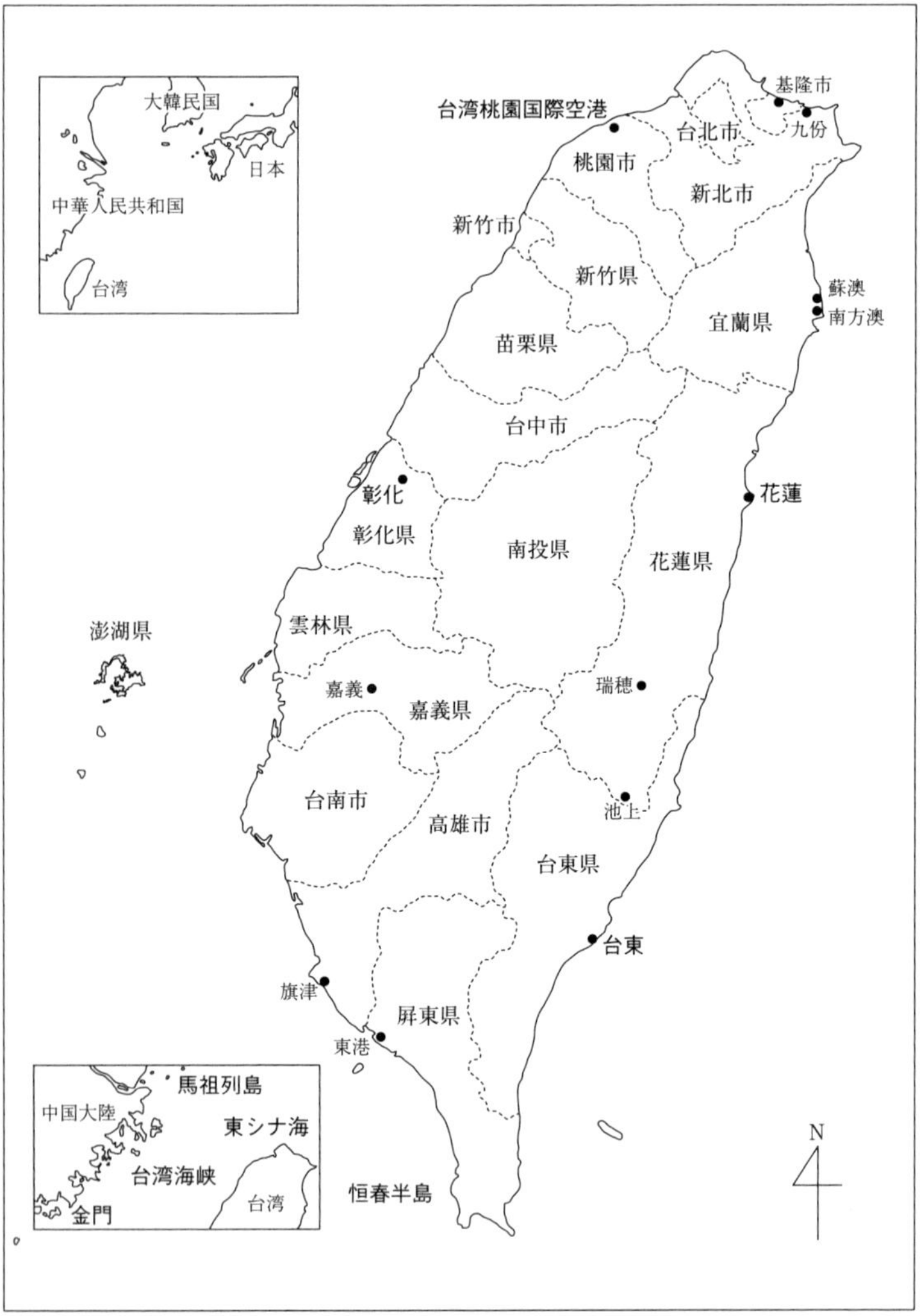
大韓民国
日本
中華人民共和国
台湾
台湾桃園国際空港
基隆市
九份
台北市
桃園市
新北市
新竹市
新竹県
蘇澳
南方澳
宜蘭県
苗栗県
台中市
彰化
花蓮
彰化県
南投県
花蓮県
澎湖県
雲林県
嘉義
瑞穂
嘉義県
池上
台南市
高雄市
台東県
台東
旗津
屏東県
東港
馬祖列島
中国大陸
東シナ海
台湾海峡
台湾
金門
恒春半島
N

台湾概略図

はじめに

台湾が好きな人。台湾に興味がある人。台湾に友だちがいる人。台湾に旅行しようと思っている人。

これは、あなたのために書かれた本です。

地理的にも、歴史的にも、台湾と日本はとても密接な関係にあります。しかし、諸般の事情により、日本語で台湾について書かれた本はあまり多くありません。

書かれた本が少ないと、考えをめぐらすのに必要なボキャブラリーが足りないのではないかと思うのです。あるいは、一方通行の迷路にはまったように、いつも同じ結論にたどり着いてしまったり。

最近では旅行先として注目され、台湾各地についてのガイドブックやグルメガイドは、ずいぶん充実してきました。安全で便利な場所なので、本やスマホを片手に一人で歩いて見ることもじゅうぶん出来るでしょう。

そうすると多分、日本や他の国とは違う、台湾ならではの事情が垣間見えると思うのです。これって、いったいどういうこと？　と思った時に、答えを提供できる、あるいは調べるきっかけとなるボキャブラリーを提供できるといいなと考えて、この本を書きました。

サブタイトルにある「麗しの島（美麗島）」は、十六世紀に東アジアへと進出したポルトガル船の乗組員が、海上から遠望した台湾を「Ilha Formosa（麗しい島）」と呼んだことに溯《さかのぼ》り、今日まで世界的にも、また地元でも通用する台湾のニックネームです。


長年通ってつくづく思うのは、台湾の人たち一人一人が、長編小説のような物語を抱えて生きているということです。そして誰の人生にも共通することかもしれませんが、そうした長編小説には、はたからは思いもよらず、そして一度聞いたら二度と忘れることのできないエピソードがたくさんちりばめられています。

台湾の人たちと友だちになって、ぜひ彼ら彼女らの、またそのお母さんやおばあちゃんの物語に耳を傾けてみてください。

この本が、台湾という物語を読み解くための、道しるべになることを心から願っています。

※台湾は多言語社会で、漢字の読みは常に複数存在します。本書では基本的に、人名と地名については、日本語音で定着しているものは日本語音（ひらがな）で、それ以外は中国語音（カタカナ）でルビを振りました。その他の単語については、現地での発音を優先しました。なお、文中の（台：〇〇）は台湾語の発音を表します。

第一章

北と南の物語

1　台湾は「ひとつ」じゃない

台北と「南部」

「ねえ、知っている？　台湾には台北と『台北以外』があって、『台北以外』のことを『南部』って呼ぶのよ」

ある時、台湾の友人がそう話すのを聞いて、虚を衝かれる思いがした。なぜなら、それまで何度か台湾を訪れていたのに、「台北以外」に行ったことがなかったのだ。

日本からの飛行機が着くのはたいてい台北の空港だし、政治と経済の中心で、仕事先もみな台北にある。その友人自身、十八歳で台北に来て、台湾大学を卒業したあとも、台北に残り雑誌の編集者をしていた。だが、彼女は、故郷に帰ることを考えているという。

「ほら、歌にもあるでしょう。『台北は僕の故郷じゃない』って。ちょうど旧正月で帰省するから、一緒に行く？」

お言葉に甘えて、おじゃますることにした。

台湾は九州よりひとまわり小さい島で、南北に細長く、地元の人たちは愛情を込めて「さつまいもの形」と表現する。友人の故郷は西海岸の真ん中あたりにある彰化《ジャンホワ》だ。県全体の人口は一二〇万、市街地の人口は二〇万強。北端に近い台北からの距離は二〇〇キロ弱。その頃、台湾新幹線こと台湾高速鉄道（高鉄）はまだ開通前で、在来線の特急に二時間半乗って到着した。

にぎやかな駅頭に降り立つと、

「まずは彰化名物を食べてもらわなくちゃね」

と、近くの屋台店で「肉圓《バーワン》」をご馳走になった。調理場は建物の中だが、テーブルと椅子は歩道に並べた屋台店が一角をぎっしり埋めている。受け取ったお碗には、豚のひき肉としいたけを混ぜた具が、米とさつまいもでんぷんを混ぜて作るという半透明の餅に包まれて湯気をあげていた。注文してからお碗に入れてはさみで半分に切り、上からとろみのある甘辛だれをかける。

「ＱＱでしょ」

友人がそう言って笑った。台湾の人はモチモチ、プルプルの食感を「ＱＱ」と呼んで好む。そのため近年ではタピオカミルクティーの進化が止まらないのである。

彼女の実家は町はずれにあり、父の経営する養豚場を弟の一人が手伝っていた。もう一人は自動車修理工で、もう一人

彰化名物の肉圓（提供：PIXTA）

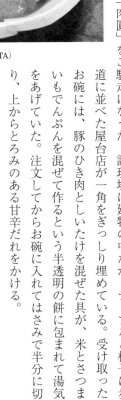

は兵役中だという。三男一女の四人姉弟で、彼女だけお母さんが違うのだと下り列車の中で聞いていた。そして「実家に戻った私は、台北とは別人だから、そのつもりでいてね」とも。

　責任感の強い長女らしく、実家に着くと休む間もなくシャツの袖をめくり上げて、太い大根を何本もおろし始めた。あうんの呼吸と言ってよいのかどうか、彼女も義母もほとんど無言のうちに事態が進行する。いずれにせよ、台北のキャリア編集者とは確かに別人だ。鬼おろしのような道具を両足の間にはさみ、削った大根は赤ん坊の行水に使うようなたらい一杯分になった。正月料理のうち、大根餅は彼女の担当なのである。

　二階建て一軒家の一階部分は床がつや消しのタイル張りになっていて、外から靴をはいたままで入る。大根を削る作業もこの場所で行った。中央には紅木《こうぼく》製の応接セットが置かれ、右奥に台所と食堂がある。ここまでは中国南部の農村風だ。正面には二階に上がる階段があり、その手前で靴を脱いだ。ここからは、やや日本風。階上の床はぴかぴかのフローリング張りで、廊下の両側にいくつも部屋がならび、それぞれに大きなテレビが置かれていた。風呂場にはサウナ、スチームにジャクジーまであり、まるで日本人のような風呂好きだ。

　友人によると、彰化県全体では福建移民の子孫が中心だが、彼女の祖先は広東省の出身で、ご近所はみな大昔からの同郷かつ親戚だという。清朝時代に集団で移住してきて三〇〇年。都市化が進んでいるが、もともとは稲作を中心とする農村地帯で、中国北方の四合院《しごういん》とは異なる三合院《さんごういん》スタイルの伝統的な家が点在する。四角い敷地に、中庭を囲んで、北側と東西に建物が並ぶのは同じだが、南側一辺を開いておいて、風を通す。確かにそうしなければ亜熱帯・熱帯の台湾では暑すぎる。

父方の祖母も母方の祖母も住まいが近いので、スクーターに乗って、顔を見せにまわるのが台湾流だ。台湾ではなぜかスクーターの人気が高い。私もヘルメットを借りてスクーターの後ろに座らせてもらい、みなさんにご挨拶した。一族で初めて最高学府の国立台湾大学に合格した彼女は、親族の誇りだが、「いつ故郷に戻って来るの」とみんなに尋ねられている。

家に帰ると、倉庫の二階にある弟の部屋に行き、一緒に映画を見た。侯孝賢《ホウ・シャオシエン》監督の『恋恋《れんれん》風塵《ふうじん》』。ポップコーンのかわりに、チキンラーメンに似た味の統一麵を袋から直接つまんでポリポリと食べた。どちらも成人しているのに、姉弟の仲が良いのが印象的だ。

旧暦大晦日の真夜中、中庭に四角いテーブルを出し、お供えの鶏や魚、果物などがたくさん並べられた。長い線香に火を灯し、お父さんを先頭に全員で天の神様を拝む。台湾の人は一般に信心深く、お供えが立派だ。各地の廟や寺には、いつも線香の煙が立ち籠めていて、額《ぬか》ずき祈る人の姿がある。

お年玉などの祝い金は、必ず縁起の良い赤い袋に入れられて紅包《ホンバオ》と呼ばれる。旧正月の朝、いつもは無口なお父さんから、私も紅包をいただいた。友人はスクーターにまたがり、おばあちゃんたちに紅包を渡しに行く。正月休みを故郷で過ごす彼女とその家族に別れを告げ、私はひとり台北へ向かう上り列車に乗った。

「台北は僕の故郷じゃない」

友人の話に出た「台北は僕の故郷じゃない」は、中華圏全体で有名なシンガーソングライターの羅大佑《ルオ・ダーヨウ》が一九八二年に歌ったヒット曲『鹿港小鎮《ルーガンシヤオジエン》（鹿港の小さな町）』の一節だ。都会に出たものの成功できず、ひとり寂しく暮らす男が、故郷に置いてきた恋人を思う内容で、「台北は僕の故郷じゃない。故郷にはネオンサインなんてない」と歌う。経済成長は始まったが、まだ何かと不自由な社会。ちなみに鹿港《ルーガン》は彰化県にある古い港町だ。地名の中の鹿の字は、鹿皮の輸出港だったためで、日本の戦国時代、織田信長などの武将がここから積み出された鹿皮を購い、陣羽織に仕立てたといわれる。そのためかどうか、野生種の梅花鹿はすでに絶滅してしまったが。

「台北は僕の故郷じゃない」という歌詞は、台湾の人々に深い印象を残したらしく、その後いくつもの歌に引用された。

『鹿港小鎮』から八年後の一九九〇年、友人と同じ彰化生まれの林強《リン・チャン》（台：リム・ギョン）が、台湾語で歌った『向前走《シアンチエンゾウ》（前に進め）』には、三年前に戒厳令がようやく解除され、民主化が進行する時代の楽観的な気分が歌い込まれている。

「さようなら故郷。俺は前に進むよ。電車は一駅一駅台北に向かう。理想と希望のある場所に。誰かが『台北は僕の故郷じゃない』と歌うのを聞いたことがあるけれど、俺は平気だ」

それまで台湾語の歌といえば、古くさく物悲しい演歌で、ポップスは羅大佑のヒット曲も含めすべて中国語と決まっていたところに、林強は台湾語で自分の気持ちをストレートに表す、第一世代のロックミュージシャンとして登場した。それは例えば、日本で言えば、日本語でロックを歌った第一世代の「はっぴいえんど」などに通じる新しさだった上に、学校では使用を禁止されていた言語で歌うという点で、革命的ですらあったのだ。

林強とほぼ同じ世代に属する編集者の彼女は、台北で第一世代のキャリアウーマンとして生きるか、それとも親族が待つ故郷に帰るか、いっそどちらからも逃げ出して、イギリスで建築の勉強をしようかと考えあぐねていた。

「ねえ、知っている？　台湾には台北と『台北以外』があって、『台北以外』のことを『南部』って呼ぶのよ」

その後何度も思い出してはその意味を考えた。「台北以外」の出身で、メディアに身を置いていた彼女ならではの洞察だったと思う。

台湾のメディアはみな台北に本社がある。そして、台北が台湾のほぼ北端に位置することもあって、それ以外の場所は、日常会話でも紙面上でも、長い間、全部まとめて「南部」と呼ばれていた。映画の興行収入も台北と台湾全体に分けて集計されるなど、台北は台湾では特殊な場所なのだ。それなのに、外国のメディアは台北にしか特派員を置かないから、どうしても台北＝台湾という印象が世界に伝わる。台北市の人口は二七〇万、周辺地区を含めても六〇〇～七〇〇万、台湾全土では二三〇〇万だ。にもかかわらず、メディアだけではなく、役所も企業もみんな台北を中心に回っている。

それにしても、「台北以外」には南部だけでなく、中部や東部だって含まれるはずなのに、全部まとめて「南部」とは大雑把すぎやしないか。友人は中部の彰化出身だったため、「南部」とまとめられるたびに違和感を覚えていたのだろう。特に自分が編集者として「南部」という表現を使わなければならないときには、より一層。

台北と「南部」には、東京と地方に似た響きがあった。あるいは大都会と片田舎、「進んでいる」と「遅れている」、ポップスと演歌。長い間、台北の側では「遅れている片田舎の演歌」に興味を持たなかったので、ひとまとめに「南部」と呼び捨てても困らなかったのだろう。

だが台北と「南部」には、経済発展の度合い以外のちがいもあった。国語と方言。外省人《がいしょうじん》と台湾本省人《ほんしょうじん》。国民党と民進党。彰化の友人は、台北にいるとき、外省人の上司や同僚たちと中華民国の国語である中国語で仕事をしていたが、「南部」にある実家に戻れば、台湾本省人である家族や親戚と、祖先の出身地にさかのぼる方言で話した。政党の支持率分布は、台北が国民党、「南部」が民進党に塗り分けられていた。

本省人と外省人

本省人、外省人はもともと中国語の一般名詞である。中国の省は日本の県にあたるので、本省人は本県出身者、外省人は他県出身者という意味に過ぎない。二十世紀後半の台湾で独特な意味を持つようになったのは、政治の問題であって言葉の問題ではない。

もとをたどれば清朝時代の福建省や広東省にルーツを持つ人たちを台湾本省人と呼んだのは、第二次大戦後、彼らより二〇〇年以上遅れて中国から渡って来た新移民たちである。それで台湾本省人の側からは、彼らのことを外省人と呼ぶようになった。

どちらも漢民族だが、両者の間では話す言葉が違っていた。少なくとも一九四五年からしばらくの間、外省人は国語である中国語を話し、台湾本省人は台湾語や客家語《はっか》、日本語を話していた。日清戦争以降、半世紀の間、台湾は日本の領土で、当時の国語は日本語だったのだ。そして、その間、日本人は台湾人のことを「本島人」と呼んでいたので、「本省人」にはその中国語による呼び変えなのではないかという嫌疑もあった。

外来政権による植民統治は、時代や場所を問わず、いつも不公平で地元の人たちを傷つける。台湾の人々も決して唯々諾々と日本の統治を受け入れたのではなかった。抵抗の時代が約十年続き、その後は日本統治下で台湾人の地位を向上させるための努力が続けられた。しかし、日中戦争、太平洋戦争と進む中で、軍国主義が社会をおおいつくし、戦争への協力を拒むことは日本でも台湾でもたいへん難しかった。台湾人の「同化」が急激に進んだのは、一九三七年からの八年間である。

それ以前、どんなに抗っても、日本の統治から逃れることはできなかったのだから、一九四五年の八月十五日まで、台湾人は自分たちが日本人でなくなるとは思っていなかった。だから、日本人として「お国のため」の戦争に加わり、祖先の出身地であった中国を敵にまわしたのだ。ところがその戦争を終わらせる条件（カイロ宣言、ポツダム宣言）として、台湾は日本から切り離され、台湾人は中国人になった。

当時の中国は中華民国で、大統領にあたる総統は国民党の蔣介石《しょうかいせき》だった。一九一一年に孫文《そんぶん》が率いて清朝を倒した辛亥《しんがい》革命以降、中華民国では国語（＝中国語）が制定され、少しずつ普及していった。軍隊生活などを通じて、中国語を話すようになっていた外省人たちは、八年間にわたる日中戦争の勝利者だ。だから当時は日本領だった台湾を、自分たちが日本から勝ち取った戦利品のように扱った。台湾の人たちにしてみれば心外なことだったろう。「ようやく犬が去ったと思ったら、今度は豚が来るとは」という嘆きが今に伝わる。

終戦からわずか一年半後の一九四七年二月二十八日、外省人警官の地元女性に対する暴力をきっかけとして、国民党の暴政に怒った台湾本省人たちが全島的に立ち上がり、国民党側は中国から援軍を呼んで鎮圧した。その結果、地元の若手リーダーを中心とする犠牲者は二万八〇〇〇人に上ったとされる。二二八事件だ。侯孝賢監督がヴェネチア映画祭で賞を受けた『悲情城市《ひじょうじょうし》』はこの事件を背景にしている。

そうこうするうち、中国大陸では国民党と共産党の内戦が激化し、一九四九年、大方の予想に反して毛沢東率いる共産党が勝った。中華人民共和国の誕生である。負けた国民党は、蔣介石に率いられて、幅二〇〇キロの海峡を船や飛行機で渡り、台湾にやって来た。人口が六〇〇万だった島に一五〇万というけた外れな人数がやって来たのだ。

その後三十八年間、台湾は実質的に難民政権である国民党の独裁下に置かれた。中華民国政府が、日本統治時代の総督府をそのまま総統府として使用したことを手始めに、日本人が去って生じたあらゆる空間に外省人がなだれ込んだ。そのため、清末以来政権の所在地で、かつて日本人が多く暮らしていた台北は、戦後になると一転して外省人割合が飛び抜けて高い街として、他とは異なる性格を持つようになった。さらに蒋介石、蒋経国《しょうけいこく》親子は長期にわたる戒厳令《かいげんれい》によって、警察国家を運営した。台湾に渡った国民党関係者には、特務機関に所属する人が、不釣り合いなほど多かったとされる。不確かな根拠に基づく逮捕、投獄、処刑が頻繁に行われ、それはしばしば革命のシンボルカラーから「赤」と呼ばれた共産党スパイの摘発を口実としたために、対比の意味合いから「白色《はくしょく》テロ」（台湾では「白色恐怖」）と呼ばれている。

「台北は僕の故郷じゃない」と歌ったミュージシャンは二人とも台湾本省人だった。編集者の彼女も。「台北は僕の故郷じゃない」と歌いながら、つぶやきながら、彼らは「台北以外」をすべて「南部」と呼ぶ人たちに、内心深く傷つけられていた。台湾本省人は社会の八割を占める多数派である。それなのにつぶやくことしかできなかったのは、言論の自由も集会結社の自由も制限された独裁制が長く続いたからだ。民主制に変われば、当然彼らの声が政治に反映される。

一九八八年に蒋経国が死去すると、副総統だった台湾本省人の李登輝《りとうき》が総統になった。彼は国民党籍ながら、民主派の学生運動に背中を押されつつ改革を進め、九六年には初の直接選挙で再度総統に選出された。続く二〇〇〇年の選挙では、「南部」の台南出身で「台湾の子」という愛称で呼ばれた民進党籍の陳水扁《ちんすいへん》が勝利。それは、ほとんど無血革命と呼んでいいほど大きな変革だった。

第一次民進党政権下の二〇〇七年、ようやく台湾高速鉄道が開通し、台北から南部の大都市高雄まで三五〇キロが最速一時間半で結ばれた。新幹線ならこだまにあたる各駅停車だと、南港《ナンガン》を出発して、台北を出たあと、板橋《バンチアオ》、桃園《タオユエン》、新竹《シンジュー》、苗栗《ミアオリー》、台中《タイジョン》、彰化、雲林《ユンリン》、嘉義《ジアイー》、台南《タイナン》を経て、高雄に到着する。

高鉄が通ったことで、台北と「南部」の距離感は劇的に縮まった。戒厳令時代、学校では中国の地理を教えて、台湾の地理を教えなかったこともあり、台北に住む人々の多くは、この時初めて「南部」を発見したと言っていい。そうすると、実は台北と「南部」の間には「中部」があるという事実が浮上し、その後は台北以外を指して「中南部」と呼ぶようになったのである。

天龍国の人々

総統を選出し、高鉄も開通したことで、「中南部」の側は以前より自信を持つようになった。特に物心がついたとき、すでに民主制になっていた一九八〇年以降生まれには、なぜ「台北」が自分たちを下に見るのか、なぜ不合理な差別がまかり通るのか理解できない。

中央政府の予算が優先的に台北に投下されてきたことで、インフラの整備度合いが「中南部」とは大きく異なっている。それなのに台北は「中南部」を田舎あつかいする。

「台南駅降りたら、田んぼなんでしょ」

（駅前にはホテルもデパートも大学もあるのに、田んぼなわけないだろう）

地下鉄や高速道路の建設費だけでなく、教育への投資額にも長年にわたる格差があり、最高学府台湾大学への進学率を比べたとき、たとえば東海岸台東《タイドン》県の高校生と、台北の高校生だと、後者が三十七倍有利であったという調査結果も残っている（駱明慶『誰是台大学生?:性別、省籍與城郷差異』国立台湾大学経済学系出版「経済論文叢刊」、二〇〇二年）。

遠回しなプロテストソングを歌った世代とは異なり、デジタル時代に生まれた若者たちは、ネット上で激しい感情を爆発させる。台北を「天龍国」、台北の既得権層を「天龍人」とする呼び方が二〇一〇年代に広がり、もはや彼らより上の世代も全員が理解できるほどに定着している。ちなみに出所は台湾でも人気の日本製アニメ『ワンピース』である。

ことの始まりは、台湾当局の在トロント駐在機関に身を置いていた官僚のひとりが、匿名でネット上に発表した複数の文章だった。彼は自ら「高級外省人」と名乗り、台湾を「鬼が島」、台湾本省人を「倭寇《わこう》」と蔑《さげす》んだのだ。軍人を父に持つ外省人二世で、日本で言えば一橋大学に相当する国立政治大学政治学科の出身、新聞記者としての経歴が長く、当時六十歳。

「鬼が島」の「倭寇」呼ばわりされた台湾本省人の側では、まともに反論するのも馬鹿馬鹿しいという感覚もあって、この後「高級外省人」や「天龍人」という呼び方で、差別意識丸出しの台北既得権層を指すようになったのである。つまり「何さま」だと。

その後も「ホームレスに放水して追い払え」と主張した女性台北市議、マクドナルドが小児癌《がん》患者を支援するための施設を建てようとしたところ「癌が感染するし、不動産価格が下がる」と反対した高級住宅地の住民など、他人を見下す態度を隠そうともしない一部の台北住民が、「高級外省人」や「天龍人」と呼ばれ、批判にさらされてきた。

両者の間には二二八事件にさかのぼる深刻な対立の歴史があることに加え、二〇〇〇年代以降、台頭する中国の影響を正面から受けた台湾では、初任給が上がらない一方、不動産価格が高騰し、普通の収入では台北で家を買うことが不可能となっている現状から来る不満もある。「天龍人」たちが資産を持っているのは、植民地時代の日本資産の多くが、戦後国有財産ではなく国民党の財産とされ、その払い下げを受けた一部「高級外省人」が莫大な利益をあげた結果だと見られているのだ。

ザ・「天龍人」馬英九

「天龍人」について書かれた研究論文によると、彼らは生まれも育ちも台北で、政府・国民党幹部の二世・三世にあたり、自分も「軍・公・教（軍人、公務員、教員）」の管理職について、台湾なまりのない中国語を話し、大学卒業後は海外に留学して博士号を取っており、アメリカの永住権や国籍も得て、国民党あるいはそこから派生した新党・親民党などを支持し、見かけは上品、清潔、小さい声で丁寧に話すなどの特徴を持つとされる。例をあげるならば、二〇〇八年から二期八年間にわたり政権の座にあった馬英九《ばえいきゅう》元総統である。

ハーバード大学の法学博士で、娘にはアメリカ国籍を取らせている馬元総統は、見かけも頭の出来もよく、国民党のサラブレッド的存在だったが、台北市長時代および総統時代、何度も失言問題を起こした。一番有名なのは、台湾原住民族の代表が陳情に訪れた際、口から出た「私はあなたたちを人間としてあつかいますから」の一言である。前述の「天龍人」たち同様、高学歴で一見上品で、そのことにより「中南部」の台湾本省人や台湾原住民族に言われなき劣等感を抱かせておきながら、「私はあなたたちを人間としてあつかいますから」と公言する。

台湾のグラミー賞授賞式に当たるテレビ番組に、来賓として馬英九が登場したとき、司会の原住民族俳優が、はっきり不快そうな表情をし、総統の方が困ったような笑顔を浮かべるシーンを見たことがある。

対する民進党の側は、政権を取る前夜、台湾原住民族代表との間で「台湾人は漢族と台湾原住民族から構成され、両民族の文化は対等にあつかわれなければならない」という覚書を交わしている。また二〇一六年に政権に返り咲いた後、蔡英文《さいえいぶん》総統は台湾原住民族に対し、長年にわたる誤った政策について、政府を代表して正式に謝罪した。彼女は祖母が原住民パイワン族の出身で、自身もパイワン族名をもつことを公表している。また台湾行政院（内閣に相当）のスポークスパースンは、二〇一八年七月からアミ族の女性Kolas Yotaka（コラス・ヨタカ）がつとめているが、彼女は正しい発音が伝わるようにと、以前行われていた漢字表記を拒絶し、アルファベットの使用を求めている。

清朝時代の移民は長期間妻子の帯同を禁止され、大部分が単身男性だったため、台湾では昔から「大陸から来た爺さんはいても、大陸から来た婆さんはいない」と言い伝えられてきた。台湾本省人であれば、台湾原住民族の血筋を引いていると考える方が自然であり、二〇一〇年ごろから、そのことに自分で言及する人が増えている。若い人たちの中には、日本統治時代の古い戸籍を調べて、三代前が原住民族だったことを確認し、そのことを重く受け止めている人もいる。つまり、台湾原住民族への誹謗は今や台湾人全体への誹謗なのだ。それなのにハーバード大学法学博士の総統はその点を理解できないのである。

眷村育ち――朱天心

「台湾語も話せますよ。だけどアクセントがあって、すぐに相手から『外省人のくせに』という目で見られる」

複雑な表情でそう語るのは、台北に住む外省人インテリA氏である。

彼は第二次世界大戦直後、中国から台湾に旅行に来た父母が、内戦と朝鮮戦争の勃発により、中国に戻れなくなって生まれた外省人二世だ。馬英九元総統と年齢が近いだけでなく、背が高く、色白の外見も、中国語の優しい話し振りも非常によく似ている。同じ文化で育ったといっていいだろう。ちなみに、馬元総統は両親が中国から避難する途中に香港で生まれ、台湾に渡っている。

日本の敗戦時、台湾の人口は六〇〇万前後。そこに一五〇万もの外省人が中国から渡って来た。反対に、台湾から引き揚げて行った日本人は軍民合わせて五〇万弱。その家屋や宿舎をすべて接収しても、まだ一〇〇万人分の住居が不足していた。国民党政府が建設した簡便な住宅もあり、特に軍関係者の多くは「眷村《けんそん》（兵隊家族村）」と呼ばれた区画内で、一般の台湾社会から隔絶された集団生活を営んだ。

外省人作家、たとえば朱天心《ジュー・ティエンシン》の小説を読むと、竹垣の中に暮らした子どもたちの優越感と不安感の入り混じった心理がわかる。垣根の外に住む多数派の台湾本省人たちを一家は「老百姓《ラオバイシン》（一般庶民）」と呼ぶのだ。まるで自分たちが身分の高い者であるかのように。しかし、そのような子ども時代を回想した随筆集『眷村の兄弟たちを懐かしむ（想我眷村的兄弟們）』の冒頭部分に記されるのは、少女たちが、独身のまま齢を重ねた兵隊から受けた性的虐待のエピソードなのだ。中国から一時退却のつもりで渡って来た親たちは、先行きの見えない避難暮らしで、気もそぞろに過ごし、子どもに十分目をかけることができなかった。そのため外省人二世たちは、多かれ少なかれ、親の愛情と目配りが足りないと感じて育ったようだ。朱天心の家は父が軍隊に属する職業作家（外省人）で、母は台湾本省人の日本文学翻訳家、朱天心を含め姉妹三人が全員名の知れ

米果『もしも、それが台南という名の郷愁ならば』

た作家になった。朱天心本人の配偶者や三代目にあたる子どももまた、台湾では有名な作家である。

逆に台湾本省人の子どもにとって、外省人の住む眷村はどんな場所に見えたのだろう。

台南出身の作家米果《ミーグオ》が少女時代を振り返った長編エッセイ『もしも、それが台南という名の郷愁ならば（如果那是一種郷愁叫台南）』には、子どもの頃、夜いつまでも起きていると、母親に「早く寝ないと外省人が来るよ」とおどかされたエピソードが出てくる。一家が住んでいた紡績工場の宿舎は、眷村のはずれ、いわば台湾本省人が外省人に出会う最前線にあった。そして大人たちは、決して詳しく語りはしなかったが、二二八事件や白色テロによって、台南でも大勢の犠牲者が出ていた。子どもの頃は知らなかったが、米果の親戚にも、また学校の先輩にも、離島の監獄に長くつながれた人、処刑された人がいたという。

他方、「高級外省人」の枠に入れず、自ら住処を確保しなければならなかった中級以下の避難民は、場所を選ぶゆとりなどなく、ありとあらゆる空き地にバラックを建てて住み着いた。台北駅から北東に徒歩十五分ほど、現在は林森《リンセン》公園、康楽《カンロー》公園として整備されている場所は、もともと日本統治時代の共同墓地だった。そこに一九四九年以降、貧しい外省人が入り込んで墓碑を建材に流用し、小屋を建て始めた。元台湾総督で陸軍大将の明石元二《もとじ》郎《ろう》の墓所は、入り口に立てられていた鳥居が、そのまま陋屋《ろうおく》の柱として利用され、隣には公衆便所もできた。その頃、明石家の人々が日本からやって来て、墓を掘り返そうとしたこともあったらしいが、手の施しようがなかったようだ。そのようにして建てられた小屋に、この一角だけで六〇〇〇人が暮らしていたという。旧日本人墓地は戦後四十年以上にわたり、外省人難民の住むスラムと化していたのである。

一九八七年、蔣経国総統が戒厳令を解除し、三十八年ぶりに、外省人兵士に対して当初は三か月の期限付きで、中国大陸の故郷訪問が許可された。申請のため行列に並んだ中には、すでに年老いて、杖をついたり、車椅子に乗った元兵士らの姿が多く見られたという（当時、久しぶりの故郷で若いお嫁さんをもらったものの、身ぐるみ剝がれて放り出された老兵の悲喜劇が、しばしば台湾メディアをにぎわした）。

明石元二郎墓鳥居（林巧撮影）

前述の外省人インテリA氏の両親も、一度故郷に戻り、家も購入したが、結局長年慣れ親しんだ台湾で晩年を送ることになった。このあたりの話は、東欧のチェコなどで、共産党政権が崩壊したのち、一度は亡命地から帰国したが、やはりなじむことができず、再び亡命先に戻った人たちの話に酷似している。どんな故郷も、四十年ぶりに戻れば、浦島太郎の気分を味あわなくてはならないのだろう。

なお、A氏本人は台湾で生まれ育ち、還暦を迎える年齢になったが、「眷村」での生活が長かったため、台湾語を聞くことはできても、流暢に話すことはできない。

台湾では、おおよそ一九七〇年代生まれまでは、中国語のアクセントや見かけから、外省人か本省人か、原住民族かを区別できた。そして外省人の場合は、戦後生まれの二世であっても依然として抗日意識が強く、なかなか日本に気を許さない傾向にある。たとえば、A氏はカラオケで昭和の歌謡曲が歌われる際、ひょっとして軍歌が混じってはいないかと不安がる。『青い山脈』のメロディーに引っかかり、「これ、軍歌じゃないよね」と何度も確認するのだ。そのたびに私は、音を出さないようにしてため息をつく。

2 「台湾のボストン」

台南は美食の街

「台南は台湾のボストンですよ。みんな豊かで、どこのうちでも子どもにピアノやヴァイオリンを習わせるんだから」

外省人A氏がそう話すのを聞いたときには、正直なところ、意外な気がした。

台南は十七世紀のオランダ東インド会社時代にさかのぼる古い町で、そもそも「台湾」という地名自体、そこに上陸したオランダ人がはじめて原住民族と遭遇したとき、教えられた地名だという。つまり台湾＝台南なのだ。そのため、同じ古都の京都になぞらえる人がいたり、反対に「台南は台湾の京都ではなく、台湾の台南だ」と主張する人がいたりする。

それにしても、A氏はハーバードではないにせよアメリカの大学の博士号を持つ眷村育ちだ。少なく見積もっても、足一本分くらいは「天龍国」に属していると言って差し支えないだろう。その彼が、台南を羨むかのように、口をとんがらせて話すのである。人口は約一九〇万で直轄《ちょっかつ》六市中最下位であり、「南部」でも高雄の次に来る台南を（ちなみに、日本の政令指定都市にあたる直轄六市は人口順に、新北《シンベイ》、台中、台北、桃園、高雄、台南。新北は旧台北県で、台北市の郊外にあたる）。

台南までは、台北から高鉄と在来線を乗り継いで二時間あまり。一九三六年竣工の駅舎は、白い積み木細工のように小さくて瀟洒《しょうしゃ》なつくりだ。二階には以前レストランを備えた鉄道ホテルがあった。米果は子どもの頃、週末のお出かけで両親に連れられて、駅二階にある天井の高いレストランに行き、白シャツ黒ズボン姿のウエイターに給仕されて食事をとるのが楽しみだったという。戦前は輸入品の英国製食器で洋食が供されたというが、戦後は外省人が作る中国料理に変わり、台湾ではその頃まだ珍しかった四川料理の麻婆豆腐や宮保鶏丁《ゴンバオジーディン》（鶏肉とピーナッツの唐辛子炒め）などセットメニューを出したそうだ（残念ながら、その後、ホテルに続きレストランも閉鎖されて久しい）。

清朝時代のはやり言葉に「一府《いっぷ》二《に》鹿《ろく》三《さん》艋舺《まんか》」（一番台南、二番鹿港、三番萬華）と言ったそうだ。当時、清の役所が置かれていた台南は「府城《ふじょう》」と呼ばれ、今でも台南の人は「府城人（みやこびと）」をもって自認する。台南は歴史的に地位のある町なのだ。けれども高鉄の開通後、台北からも多くの観光客が訪れるようになったのは、歴史的魅力のためというより、独自のグルメ文化が存在するためだ。

エビだしのスープ麵に肉そぼろがかかり、煮卵とパクチー、生ニンニクのすりおろしがアクセントになっている担仔麵《タアミー》は、今では台北でも食べることができるが、一八七二年創業の老舗、再発号の名物巨大ちまきは、台南まで足を運ばないと味わうことができない。他にも朝ごはんに食べる牛肉スープ、サバヒー（虱目魚＝ミルクフィッシュ）を一人あたり一尾分入れたお粥、エビを豚のひき肉や魚のすり身とともに揚げた蝦巻《ヘエクン》、小ぶりなチャーハンの上にエビがたっぷり乗ったエビご飯、田鰻《たうなぎ》焼きそ

台南駅

ばなど、不思議なほどよその土地で見かけない食べ物が台南にはたくさんある。

　透き通った熱々のテールスープに生の牛肉を入れて、霜降りになったところを食べる朝ごはん（牛肉湯《グウバアツン》）なんて、通常の中国料理の概念には存在しない。しかも夜明け前の四時五時から行列して食べるとは。台南にはかつて牛の屠場《どじょう》があって新鮮な牛肉が手に入ったから生まれた料理だとか、陽が昇れば暑くなるから暗いうちに食べるのだとか聞くが、それにしてもユニークであること間違いなし。

　また、食べ物が美味しい土地に共通することではあるが、何を頼んでも美味しいので、担仔麵やちまきの店で、おかずとして頼む豚足とピーナツの煮物や牡蠣《かき》の揚げ物、中華ソーセージやゆでた青菜、またはイカや豚肉や魚のつみれやハマグリのスープなども、いちいちよそとは一味違うのである。ましてや南台湾の特産品カラスミに至っては言うまでもない。

再発号名物の巨大ちまき

　こうした台南の味は、一般に個人経営の小さな店で供されるが、たいてい日本で想像するよりも一まわり小さめの器で出てくるので、それだけで満腹にはならず、かえって食べ歩きする楽しみが生まれる。豊かな土地ならではと言えるだろう。反対に豆花《ドウホウ》（豆乳ババロア）やゆで小豆やマンゴーかき氷などスイーツ系はサイズが大きくて種類も豊富。一つ頼み、二、三人で食べても構わない。

誠品書店と奇美博物館

実のところ、外省人A氏の言う「台南＝ボストン」説には、いくつかの根拠がある。

まず、世界史年表を開いてみると、宗教的迫害を避けるために、イギリスを離れた清教徒たちを乗せたメイフラワー号が、アメリカ東海岸のボストンなど現在ニューイングランドと呼ばれる地に到着したのは一六二〇年。東インド会社のオランダ人が、台南に上陸したのはわずか四年後の一六二四年なのである。そしてオランダ人が対岸の中国で開拓移民を募集し、船で運んだことで、台湾の歴史は大きく動き出した。つまりアメリカ合衆国の歴史と台湾の近世史はほぼ同時期に始まっていて、それぞれボストンと台南がスタート地点だったとも言えるのである。

また、ボストン同様に、台南も文化都市としての性格を強く持つ。

たとえば、台湾全土に四十以上、香港や中国にも店舗を展開し、東京日本橋への進出も決まった誠品《チョンピン》書店は、台南出身の呉清友《ウー・チンヨウ》というビジネスマンが創業者である。一九八九年に最初の店舗が台北に開いたとき、店の広さはもとより、芸術や建築関係の本を中心に、英語、日本語の輸入書も含めて多く取り揃えた書棚に、本好きはみな目を見張ったものだ。立ち読み、座り読み大歓迎の上、当初からコーヒーショップを併設し、現在ではワインバーまである。二十四時間営業の店舗もある。「店に来るすべての人を尊重する」という経営姿勢を貫き、平均すると、すべての台湾人が一年に五回は誠品書店を訪れる計算になるという。最高に素敵な本屋さんなわけだが、そのようなやり方でもうかるのかといえば、やはりもうからないそうだ。しかし、自分自身は工業高専を卒業後、厨房機器を商って成功した呉清友は、「台湾人の文化生活を豊かにすることに意味がある」という考えを貫き、台南出身の他の企業家たちも援助を惜しまなかったという。そのため六十七歳で亡くなった後、故郷の台南市政府から「教養と芸術の重要性を認識し、華人世界全体で知られる書店モデルを作り上げた」として「歴史的偉人」に認定された。ちなみに誠品書店の創業は、戒厳令解除の二年後だ。素敵な本屋さんの登場は、多くの台湾人に言論の自由の素晴らしさを目に見える形で届けたと言える。

奇美博物館

　さらに、台南には奇美《チーメイ》博物館がある。化学工業のコングロマリット奇美実業の創業者で李登輝元総統の盟友としても知られた許文龍《きょぶんりゅう》が一九九二年に開いた台湾最大の私立博物館である。九・五ヘクタールの広大な敷地にヴェルサイユ宮殿を模して建てられた同博物館は、ストラディバリウスなどヴァイオリンの名器を一〇〇〇丁以上所蔵し、優秀な演奏家に貸し出すことで知られている。他にも多数の古楽器が揃っていて、この部門の展示は間違いなく世界最高レベルだ。また、西洋美術部門、兵器部門、自然科学部門も、並みの国立博物館クラスの充実度である。

台南出身の許文龍は、子どもの頃、家の近くにあった入場無料の小さな台南博物館が大好きだった。ところが、戦後は国民党政府による「北尊南卑」政策で、「南部」の文化状況は停滞したままとなった。そのため「いつか金持ちになって、自分の力で博物館を建てる」と決めたのだという。許文龍は工業学校を卒業後、プラスチック製造など実業の世界に入ったが、ヴァイオリン演奏を趣味とし、それが楽器収集へと広がった。奇美グループは、クラシック音楽を台湾の民間に普及させたいという許文龍の考えで、オーケストラ（奇美愛楽管弦楽団）も擁している。

ビジネスマンたちの地元愛が台南の文化的土壌を育んできたわけだが、同じ流れの中で、台南で話されている台湾語はレベルが高いという話も聞く。台北では、役所や学校、大企業の公用語は中国語という状態が民主化後も続いている。そうすると、家で台湾語を話す人であっても、公的な場所で使えるレベルの台湾語を鍛える機会がないという。ところが、台南では大企業の会議でも当たり前に台湾語が使われている。そうした組織を出張で訪れた台北の友人が言っていた。

「あんなにレベルの高い台湾語、はじめて聞いたからびっくりした」

「府城」の子ども――米果

台南が台湾一古い歴史を持つ「府城」で、食生活が豊か、文化を愛するパトロンに恵まれた都市であることは間違いないにしても、外省人A氏の言う「どこのうちでも子どもにピアノやヴァイオリンを習わせる」はさすがに誇張もしくは比喩だろうと私も思った。あるいは奇美伝説の一バージョンかもしれないと。

念のため確認しておこうと、台南出身の米果に直接尋ねたところ、彼女は言うのである。

「本当ですよ。私も小さい時からピアノを習ったし。うちの兄弟は習わなかったけれど、同級生の男の子たちはヴァイオリンを習っていた。今はもうお医者さんになった男子で、時々病院内で演奏会を開いている人もいますよ」

恐るべし、「府城」台南。

現在の台南大学、日本統治時代の旧台南師範学校は音楽教育のレベルが高く、卒業生である小学校の先生たちが、放課後ピアノ教師を兼業することが普通に行われていたようだ。米果の場合も、最初はお姉さんの小学校の担任に習い、次は中学の音楽の先生に習ったそうだ。より専門的に習いたければ台南神学院（一八七六年にスコットランド出身の宣教師により設立された）の音楽科や大学の先生からも個人教授を受けられる環境があったという。

米果の小学校時代は一九七〇年代だ。彼女が当時を振り返った文章を読むと、思いのほか私が経験した昭和の日本に似ている。ヤクルトおばさん、ガラス瓶で配達される牛乳、写真館で撮影する家族写真。日本人が台湾から引き揚げて四半世紀たっても、台湾本省人の多い南部には、日本の気配が濃厚に漂っていたようだ。台湾語の中に残る日本語はその忘れ形見だ。榻榻米《タタミ》（たたみ）、クレープ（肌着に使われる布地）、リヤカー、美智子様、見本、遠足、注文。脈絡のなさが、かえって日常生活への浸透の深さを伝えるようだ（実はこの流れは今に続いていて、更年期に入った台湾の友人たちは、みんなお母さんにすすめられて「命之母」を飲んでいる）。

ただ、このように書くと、台南の暮らしは、あらゆる意味で日本に似ていたという誤った印象を与えかねない。実際には、同時代の日本とは異なる側面も多くあった。

小さいところだと、台湾の子どもたちは弁当を持って学校に行っても、冷たいまま食べるということはせず、必ず弁当箱ごと熱々に蒸して食べたという。学校にそのような巨大蒸し器が用意されていたのである。米果の母は、温め直したのでは美味しくなかろうと、彼女が中学・高校に通った六年間、毎日出来立ての弁当を学校まで届けたそうだ。

また、より大きな違いとして、台湾では一九八〇年代まで、実質的に一夫多妻が認められていた。米果の母方の祖母の血のつながらない妹（二人とも幼少期に養女に出されている）は、初婚で第二夫人となった。さらに夫を亡くした際の葬儀で、今度は義妹の夫に見染められ、再び第二夫人として嫁入り。その時の紹介役を義妹自身がつとめたばかりか、子どものいない彼女に、自分の子どもを二人後継ぎとして譲ったともいう。いつも端正なチャイナドレスに身を包んだ、とても優しい女性で、米果はテレビドラマに出てくる陰険な「妾《めかけ》」と優しいおばあちゃんが同じ立場だとはどうしても信じられなかったと書く。

このような話は、一九三〇年代生まれまでだと、決して珍しくはなかったようである。まず前提として、女の子が生まれると、幼少のうちに養女に出す慣行があった。いずれ結婚して家を出て行くべき存在なので、最初から生家に正式には所属しないという考え方である。けれども実の親、特に母親の手元を離れた子どもは、どうしても外で辛いめにあうことが多かった。現在の台湾は、女性の社会進出が進み、女性の総統も生まれている。その一方、ほんの二世代前まで、家庭や社会における男女の地位に著しく差があったことも、生々しい記憶として残っていて、それが日本よりもさらに低い出生率などに影を落としている。

「党国教育」の時代

米果の子ども時代に戻ろう。

学校に通い始めると、彼女のような台南の本省人も、国民党色の強い教育を受けることになった。当時の台湾では「党国教育」と呼ばれた権威的イデオロギー教育が徹底していた。

作文が得意だった米果は、毎年のように講堂の舞台に立ち、「新学期の抱負」「将来の希望」「中秋節に寄せて」などと題した作文を朗読したが、その際には必ず「一日も早く大陸反攻を実現し、中華民国の青天白日満地紅旗を、海棠《かいどう》の葉の形をした中国のすみずみにまでうちたてることを誓います」、あるいは「一日も早く大陸同胞を火攻め水攻めの苦しみから救います」という文で全体をまとめる決まりだったという。

当時、小学校の音楽の教科書には軍歌まがいの歌も掲載されていた。その歌詞はといえば、「ソ連を倒せ、共産反対、朱毛《しゅもう》（中国共産党の朱徳と毛沢東）をつぶせ、裏切り者を殺せ、殺せ」などというものだったそうだから驚く。

「蔣介石総統万々歳」と唱えることは日常茶飯事。高校生になると、女子も制服制帽姿で軍事教練を受けた（台湾では小中高大すべての学校に、「軍訓教官」として軍人が配置され、軍事教練と生活指導を担当していた）。

日本が一九七二年に中華人民共和国と国交を結び、台湾の中華民国と断交した時には、抗日映画『梅花』をみんなで見て、「日本鬼子《リーベングイズ》」を倒すべく誓い合った。一九七九年に南部の高雄市で民主活動家が一網打尽にされた「美麗島事件」では、米果が通っていた学校からも先生が一人姿を消したが、そのことよりも指名手配された容疑者の不敵な笑い顔の方が怖かったという。

子どもたちが学校で中国語を学び、国民党による「党国教育」を受けていた頃、日本統治時代を過ごした彼女の祖父母は、台湾語と日本語しか知らないままで、中国語では孫の名前も聞き取れなかったという。その分、日本について、ぼんやりとしてはいるが質感と温度を伴う印象を孫たちに与えたようだ。

米果の両親は、どちらも小学校卒業と同時に工場に働きに出たが、結婚後、父は独立して紡績工場を営み、母は家で四人の子どもを育て上げた。父母の世代以降は恋愛結婚、一夫一婦制である。経済成長が中産階級の暮らしを台湾の家庭に運んできた。白黒写真に残る父母のシーズンごとに異なる洋服の着こなしと、年月をへても変わらぬ笑顔がその証に見える。もちろん、みんながそうだったわけではなかろうが、少なくとも米果の幼少期はとても幸せだったようだ。

小さい頃に祖母が歌ってくれた「ポッポッポ、鳩ぽっぽ」という歌を、彼女は四十年以上もたってから衛星放送で放映されたNHKのテレビドラマ『ツバキ文具店』で耳にして、「ポッポッポは日本語で鳩の鳴き声だったのだ」と発見、早速フェイスブックで流したところ、何人ものフォロワーから「うちのおばあちゃんも歌っていた」「うちも」「うちも」「うちも」と大反響が巻き起こった。祖父母とのこうした交流は、命からがら台湾海峡を渡った外省人二世には縁のない経験であり記憶である。

外省人の「故郷」

戒厳令下の外省人と台湾本省人を比べた場合、政治的、社会的には間違いなく前者が力を持っていた。しかし経済的な面では判断が難しい。外省人に多い「軍・公・教人員」（軍人・公務員・教員）の待遇は民間に比べて恵まれていたはずなのだが、その分彼らは故郷を遠く離れて、地縁も血縁も家産も失い、先行きの見通せない状況が長く続いていたために、心底貧しかったと回想する人が思いのほか多いのだ。「高級外省人」はほんの一部の例外にすぎなかったということか。

例えば、外省人二世の有名作家龍應台《ロン・インタイ》は、警察官の子供として南部各地を転々としながら育った。当時の暮らしぶりは貧しく、親は知人から借金して学費を払ってくれたと書く。だがのちにはやはり奨学金でアメリカに留学し、彼女は博士号を受けている。

　米果によると、台南の人々は土地を購入し、小さくても好みの家を建てることを望んだという。気温が高く、窓を開け放すことが多いため、鋳鉄製の格子をはめるのだが、その模様さえも監獄のような四角四面では納得せず、独自にデザインするのだ。彼女の父は注文して馬車を引く二頭の馬の柄の格子を作り、たまたま道を通って見かけた人からもそれをほめられたという。

　それに比べて台北では、無個性な低層マンションの建設が進んだ。それは住居を必要とする人が多かったこと、日本時代の官舎跡地などまとまった土地が流通したことに加え、台湾に根づくつもりのなかった外省人たちが家に執着しなかったことも一因ではなかろうか。台北の建築について多くの著作を持つ作家水瓶子《シュイピンズ》によると、一九六〇年代に中南部から台北に仕事に来る人が増えたことから、住居不足を解消するため、木造家屋を取り壊し、跡地に四、五階建てでエレベーターのないコンクリートの建物がたくさん作られたという。そのうち一部分は、元の住人である外省人に安価で譲られている。

　かつて「台北は僕の故郷じゃない」と歌った時、台湾本省人の胸は確かに痛んでいた。だが同時に、台北＝外省人の側でも「台湾は僕の故郷じゃない」と感じていたのだろうと思う。彼らにとって帰るべき故郷は中国大陸で、だからこそ、戦争に負けて流れ着いた先の台湾を「鬼が島」と呼んだり、台湾本省人を「倭寇」と呼んだりするのだ。それでも帰れないままに時間が過ぎ、わが友外省人A氏は、長年自分を中国人と呼び続けながらも、中国の政治制度や政権政党は受け入れられないでいる。「親中反共」の解けない知恵の輪だ。

龍應台は、小学校時代を振り返った文章に、「台湾本省人の同級生が忌引きで休むのが羨ましかった」と書く。親戚関係から切り離されてしまった外省人の子どもは、祖父母の死を経験することがなく、伝統的な墓参りの日である清明節《せいめいせつ》に草むしりに行くべき墓もなかった。当然、墓前で親戚とともに弁当を広げた経験もない。祖先崇拝の根強い漢民族だけに、外省人の第一世代は「一日も早く故郷に戻って墓参りしたい」と嘆きながら死んでいった。

北部の眷村で育った朱天心は、「祖先の墓がない場所を故郷とは呼べない」とはっきり書いている。彼女の場合、母親は台湾本省人であるため、子ども時代は夏休みのたび、田舎で病院を経営する母方の祖父の家に行き、日本の子どものような浴衣や甚平《じんべい》を着せられて、小学唱歌を教えられたともいうのだが。父方こそ本筋だとする家父長制の考えが格段に強いのだろう。実際、系図に名前が記されるのは父系の親族である。

南をめざす若者たち

さて、ボストンという比喩の当否はおくとしても、台南が台湾本省人文化の本拠地であり、その意味で外省人の集中する台北と対をなす都市だと言うことはできる。

たとえば、台北で一番の観光地は故宮博物院《こきゅうはくぶついん》で、そこには国民党政権が北京から命からがら運んできた歴代王朝の宝物が並ぶ。それは自らの政権の正統性を証明する手段だったが、それにしても、台湾海峡をはさんで、大量の宝物移送はいったいどれほどの大事業だったことか。一方、台南には台湾歴史博物館や国立台湾文学館があり、台湾という土地に根ざした、原住民族視点や台湾本省人視点の歴史が生き生きと展示されている。文学館では原住民族語の子守唄をいくつもヘッドフォンで聞くことができる。さらに忘れてはならない奇美博物館もある。

台北ではもともと上海料理だった小籠包や中国西北部発祥の牛肉麺を売る店に行列ができているが、美食の町台南に来たら、暗いうちから起き出してでも、よそでは食べられない名物を食べるしかあるまい。

台北では中華民国の国父孫文や蔣介石を顕彰する巨大な廟（国父紀念館、中正紀念堂）が今も中心部で巨大な空間を占め、時には反対派によって赤ペンキを撒かれたりしているが、台南には大航海時代にオランダ人が築いたゼーランジャ城、プロビンシャ城の趾《あと》や、彼らを追い出した漢民族の英雄鄭成功《ていせいこう》を祀る延平郡王祠《えんぺいぐんおうし》があり、一角には彼の母も祀られている。その母は長崎平戸の武士田川氏の娘で、鄭成功本人も幼少期を平戸で送っている。それどころか江戸時代には長崎で唐通事《とうつうじ》（中国語通訳）を務めた彼の子孫の子孫が、いまだに日本で暮らしているそうだ。

二昔前、若者が故郷を出て向かう先は台北しかなかったが、近年は台南に来て、小さな店でも開こうかと考える若者が増えている。

台北に仕事を求めて移住することは、昨今では「北漂《ベイピアオ》」と呼ばれるが、この言葉には「他に選択肢がないゆえ」という寂しい気配が伴う。歴代「北漂ソング」のリストがネット上に流通していて、その上位には『鹿港小鎮』も『向前走』も入っているが、アメリカ育ちの外省人二世王力宏《ワン・リーホン》がマレーシア出身の黄明志《ホアン・ミンジー》によるラップに乗せて歌う『漂向北方《ピアオシアンベイファン》』（二〇一七年）になると、北の字の指すところが台北なのか北京なのか故意に混同されているようで、不安感も倍増している。

それに対し、南に向かう移動は夢、あるいは新しい価値観を感じさせる。米果に聞くと、台南はブログが流行した二〇〇五年頃から、次第に注目を集め始めたのだという。台北の既成メディアが関心を持たない内容が、新しいメディアによって伝えられるようになったのだ。

台南出身の若者が海外から戻り、おばあちゃんの住んでいた古屋を改装してお洒落な民宿を開いたよ（謝宅）とか、単独の建物だけでなく通り全体のイメージ一新を図っているよ（正興街）とか、台南や台湾の歴史に特化した本を並べる書店が開いたよ（聚珍台湾）とか、百年前の伝説的デパートがとうとうよみがえったよ（林百貨）とか。気がつくと、台南は他の地域に住む台湾人や日本人など外国からの旅行客もたくさん訪れる人気観光地になっていた。

台南が外部からの注目を集めることで、家賃や土地代が上がるなど、いわゆるジェントリフィケーションと呼ばれる弊害も起きてはいる。それでも、人々の頭に台北しかなかった時代に比べて、中部、南部、東海岸それぞれの地域にある個性的な町々を人々が一つ一つ再発見している時代は、間違いなくいい時代である。南を目指す台湾の若者たちは、きっと心の底から思っていることだろう。「台湾は僕の故郷だ」と。

第二章

母語と国語の物語

1　多言語が共存する島

四言語のアナウンス

台北で地下鉄に乗ると、駅名が四つの言語でアナウンスされている。中国語、台湾語、客家語、英語である。

最後の一つは外国からの訪問客向け。

前の三つは地元の台湾人向けだ。

台湾の公用語は中国語。そうなったのは第二次世界大戦後だが、すでに七十年がすぎて、おおよそ誰もが話すことのできる言語になっている。

次の台湾語は、台湾で最大のエスニック集団である福佬人《ふくろうじん》（中国福建省南部を故地とする人々）の使用言語。以前は閩南《びんなん》語と呼ばれていた。

最後の客家語は、福佬人よりやや後に、広東省北東部から渡来した人々の言語である。

福佬人と客家を合わせて台湾本省人と呼ぶ。

中国語の方言の間の違いは大雑把にいうと、ヨーロッパの諸言語の違いのようなものだ。英語、ドイツ語、フランス語、スペイン語みたいな。

「日本でいうとどんな感じですか」という問いには、

「日本でいうと日本語と韓国語みたいなものです」と答える。

「それじゃあ、お互いに通じないじゃないですか」

その通り。もともとお互いに通じない言葉を話す人たちが、九州よりも一まわり小さな土地に暮らす。それが台湾社会なのである。

台湾でテレビをつけると、中国語と台湾語で話すチャンネル以外に、客家語チャンネル、原住民族語チャンネルがある。これは民主化が進んだ一九九〇年代以降の話だが、台湾の人々にとってはもはや当然のことである。学校でも、国語として中国語を教えるほか、母語教育として他の言語を教えている。

テレビのバラエティ番組を見ていると、中国語で始まった文の途中で台湾語に切り替わる人がいる。それを当然のように受けて、また中国語で答える人がいる。台湾映画の中でも、そうした中台ちゃんぽんの台詞、会話は珍しくない。コマーシャルでは、父の世代が台湾語で話すのに、息子の世代が中国語で答える様子が見られる。それどころか、若い女性が、日本語で高齢の祖父母に話しかけている場面もある。おじいちゃん、おばあちゃんは日本語世代だからという思いやりの表現らしい。

日本語。それは台湾社会で、常に存在する他者だ。勉強した経験なら、学校で必修の英語の方が一般的だが、日常生活に混ざり込んでいる程度としては日本語の存在感の方が大きいかもしれない。台湾の街ではアメリカ発のファストフード店より日本発の寿司屋、ラーメン屋、牛丼屋、定食屋が目立ち、テレビでも日本のニュースやアニメがたくさん放映されている。西城秀樹の死もさくらももこの死も台湾の人は日本と同じタイミングで悼《いた》んでいた。

では台湾で日本語が通じるかというと、七十年の昔はともかく、現在はもはやそうとは言えない。駅の窓口やホテルのフロントではやはり国際語である英語の方が通じる。

この島にやってきた言葉

台湾島をぐるりと巡る鉄道で東海岸に旅行すると、車内のアナウンスが、中国語、台湾語、客家語、アミ語に変わる。アミ語は台湾原住民族のうち最大の人口（約二一万人）を持つアミ族の言語だ。

台湾語や客家語が中国語と同じシナ・チベット語族に属するのに対し、原住民族語はフィリピンやインドネシア、マレーシアの言語と同じようにオーストロネシア語（南島語）族に属する。南太平洋地域に、西はアフリカ沖のマダガスカル島から東はチリ沖のイースター島まで、北はハワイから南はニュージーランドまで広がる言語グループである。話し手の姿形や暮らしぶりも互いに似ている印象を受ける。

台湾原住民族の暮らしていた島に、中国大陸から時期を隔てて、福佬人だったり客家人だったり、異なる方言を話すグループが渡ってきた。大航海時代以降は、遠くヨーロッパからオランダやスペイン、また日本やアメリカといった野心満々の国々も登場しては去っていった。歴史上最大の移民グループは、第二次大戦後の五年間ほどで一五〇万人が渡来したいわゆる外省人グループである。

台湾語研究で知られた王育徳《おういくとく》（台：オン・ヨッテク、一九二四―八五）博士は、その著書に「さまざまな人々がやって来ては去って行くことを繰り返した後、この島に残っている人々。それが台湾人である」と書いている。近年では、少子化による労働力不足もあり、東南アジアから働き手や配偶者となる人を積極的に招いている。その結果、街にはベトナム料理やタイ料理の店が増え、小学校の保護者会では外国出身のお母さんが珍しくないという。そして、その方がいいのだと感じる人が多い。やはり台湾は筋金入りの移民社会である。

2　国語と母語

親子三代の国語と母語

親、子、孫で国語も母語も異なる。日本で暮らしていると想像もつかない、そんな事態が台湾では二十世紀を通じて、現実にあった。

事の起こりは日清戦争だった。明治維新から二十数年、列強入りを目指す新興日本と黄昏の清朝が朝鮮半島の帰属を巡り争った。そのとばっちりを受けて、はるか南の海に浮かぶ台湾が、清から日本に割譲されたのである。

当時、台湾の人々は、それぞれに先祖から受け継いだ、互いには相通じない言葉を話して暮らしていた。王朝時代の中国では、中央から各地に赴任する官僚だけは、仕事の必要から、北京語などを基礎とする共通語（官話）を話したが、一般庶民は自分の住む地域の言語しか知らず、その状況は台湾でも同じだった。

話を聞かせてくれた友人の一族は、もともと清朝時代に、福建省から台湾に移住した。当時は、今では台湾語と呼ばれる閩南語の中でも、さらに漳州《しょうしゅう》語という地域語を話していたようだ。

「とは言うけれど、祖父は曾祖母の連れ子だったという話だから、本当の血筋ははっきりしないんだ。うちには家系図もないしね」

彼の祖父は、台湾が日本の一部になって早々、総督府が日本語を広めるために開いた国語学校に通い、台湾人児童の通う公学校（小学校に相当）の教師となった。そして同僚の女性教諭と結婚し、十二人の子どもを生み育てたのである。父はその末っ子だ。一家の住まいは公学校の教員宿舎で、隣近所は日本人の教員とその家族ばかり。そのため、もともとは台湾語が常用語であった祖父母だが、次第に家でも日本語を使い、子どもたちを育てるようになったという。

「祖父も祖母も真面目な教員だったから、学校で児童に教えることを、家で自分の子どもにも教えたということだろうね」

そして十二番目に友人の父が生まれた頃、それは日本の年号でいうとすでに昭和初年ということになるが、すっかり日本的な暮らしぶりが板について、日本語が国語であるばかりか、家庭での常用語にすらなっていたというのである。

「だから、うちの親父は母語からして日本語なんだよ。祖父母はどちらも台湾人だけれど。田舎の家の本棚には、祖父母が購入した円本の日本文学全集や世界文学全集がずらっと並んでいたそうだ。家族が口ずさむ歌も、おばさんたちが合唱するのも、みんな当時の日本の流行歌。『月の砂漠』とかね」

大正リベラリズムの気配が残るモダンな社会の雰囲気は台湾の地方都市にも伝わっていた。地方都市で学校教員は地元の知識人階級に属する。給料など待遇面で、日本人教員との格差は歴然と存在していたが、一家は日本人教員の家族とおおよそ同じような暮らしを営み、中産階級としての楽しみを享受できた部分もあったのだろう。だが、それら全てが、やがて始まった昭和の戦争によって一変する。

「国語家庭」の戦中と戦後

満州事変（一九三一年）から日中戦争（三七年）へと、中国大陸に戦火が広がり、日本国内に

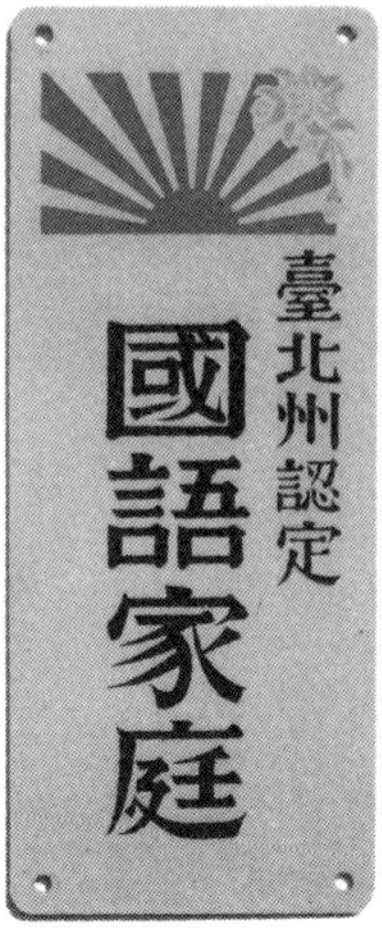

「国語家庭」の札

軍国主義が蔓延《まんえん》していったのと歩調を合わせ、植民地台湾では、地元民の同化（＝日本人化）を急ぐための皇民化運動が実施された。

具体的には、伝統的な宗教やキリスト教信仰が制限されて神社の参拝が強制され、姓名を日本人のように変更する改姓名が勧められた。さらに家庭での使用言語も完全に日本語に切り替えることが望ましいとされた。いずれも当時の日本と同じように、天皇のために戦争に行くことを拒まない臣民づくりを目的としていた。

家庭内で日本語のみを話していると認定されると、「国語家庭」と書かれた札が配布され、玄関に表札と並べて掛けておくと、配給などの面で優遇された。だが友人は言う。

「よく、食べ物につられて『国語家庭』になったかのように言われるけど、家の中で日本語だけを話すなんて、とても配給目当ての付け焼き刃でできることじゃないよ。むしろ、それ以前の暮らしの集大成ということだったんじゃないかな」

二〇一四年に無党派で当選し、一八年に再選された台北の柯《か》文哲《ぶんてつ》市長は、友人と同様に台湾本省人家庭の出身だが、最初の選挙の際、国民党陣営から「皇民化を推進した教師の孫」として非難される憂き目にあった。実情としては、友人の祖父母のように、当時の台湾人教員に求められた仕事を全うしたに過ぎなかったのだろう。しかし、日本が敗れ、戦時中は敵国であった中国大陸から新たな統治者が渡ってきて以降、何十年もの間、そうした教員や家族は沈黙を守らなければならなかった。

戦時中、友人の父はまだ年少だったため、直接戦争に関わることはなかった。けれども、生まれた時から日本語のみで育てられ、日本人が多い環境に暮らし、日本人学校に通っていたから、自分が日本人だと信じて疑わなかったようだ。

「当時の国定教科書に『君が代少年』という話が載っていたのを知っているかい。昭和十年に台湾で大地震が起きたとき、ケガで死にそうになった地元の少年が、最後まで日本語を話し、危篤状態に陥っても『君が代』を歌い終わってから息絶えたという逸話だ。皇民化のための教材で、事実かどうかは怪しいものだけど、うちの父もまさにそんな感じだったんだろうね」

一方、より年齢が高く、軍人・軍属として戦場に赴《おもむ》くことになった若者たちの思いは、より屈折していた。一家で最も学業優秀かつハンサムだった上から二番目の伯父は、文学好きで、祖父母と同じ教員の道を歩んでいたが、葛藤の末、志願して軍隊に入り、日本軍の少尉となった。

「何十年もあとの話だけれど、一度だけ伯父に尋ねたことがある。何で希代の文学青年が日本軍人になろうとしたんですかって。すると伯父は言ったよ。『日本人に負けないためには、日本人に勝つためには、日本人になるしかなかった。だから日本人になりたくてたまらなかった』。大日本帝国に生まれて、二等国民の台湾人だということが、それほど悔しかったということだ」

こうして台湾人は日本の戦争に巻き込まれ、祖国である中国を敵にまわすことになった。その挙句、日本は壊滅直前に無条件降伏し、連合国の英米中三か国が発したカイロ宣言・ポツダム宣言によって、他の海外領土ともども、台湾を放棄することが決まったのである。

中華民国による接収

人はいつも後世の高みに立って歴史を振り返る。だから、日本による台湾統治は一八九五年に始まり、ちょうど半世紀ののち一九四五年に終わったと、今では誰もが当然の事実として認識している。しかし、同時代を生きていた人々は、誰一人、日中戦争・太平洋戦争の結果、台湾の帰属がどのように変化するのか、明確に知りはしなかったのだ。まさか日本が戦争に負けたために、ようやくなりかかっていた日本人から、今度は中国人となることを求められようとは。

日本が「降伏」して、台湾に「光復」がもたらされた。一体、台湾人は勝ったのか、負けたのか。日本語で教育を受け、中国語の知識をほとんど持たなかった多くの台湾人は、すぐには事態を飲み込めなかったようだ。太平洋戦争末期、台湾の各都市も連合国軍による空襲で被害を受けていたから、戦争の終結はもちろん多くの人々の望むところだった。しかし、台湾の割譲を決めた下関条約は正式な国際条約であると考えられていたので、台湾は未来永劫日本の領土だと、疑わない人が多数だった。植民地独立が世界の潮流になったのは、第二次大戦後のことである。

そもそも下関条約を締結して台湾を日本に譲り渡した清は、一九一一年に孫文が率いた辛亥革命によって倒され、翌一二年には中華民国が成立していた。中国では、その後五四運動をへて、国語として中国語（北京語を基礎とする標準語）を教えるようになった。しかし、台湾はその頃すでに日本領だったため、台湾の人々は中国語を勉強する機会を持たず、近代化の洗礼は、日本統治下で日本語により受けたのである。

昭和天皇による玉音放送は台湾でも流された。翌月、中国大陸から台湾接収のための部隊が上陸すると、人々は中華民国の青天白日満地紅旗《せいてんはくじつまんちこうき》をふって歓迎した。だが、上陸時の国民党軍の姿があまりにもみすぼらしかったためにショックを受けたという話が今に伝わる。逆に国民党兵士の側から見て、台湾社会が清潔で秩序だっていることに驚いたとの証言も残っている。

終戦時、台湾に住んでいた日本人の中には、台湾に住み続けることを希望し、新政府に陳情する動きもあった。しかし、結局はカイロ宣言・ポツダム宣言にもとづいて、一部の留用を言い渡された技術者・学者などをのぞき、全員が本国へ引き揚げるよう命じられた。日本に持ち帰ることが許されたのは、一人あたり現金一〇〇〇円とリュック二つ分の荷物のみ。大部分の引き揚げが一九四六年二月から四九年八月の間に完了した。

日本人の引き揚げで空きができた職業上のポストや家屋には、中国から渡ってきた国民党の関係者が次々に収まっていった。侯孝賢監督の自伝的映画『童年往事　時の流れ』を見ると、主人公の父は当時台中の市長をしていた同級生に誘われて、中国から渡るなり教育長の職についている。中国から来た外省人にしてみれば、日本が放棄した台湾は彼らの戦利品で、好きなように山分けが行われたのだ。ある作家の話でも、国民党官僚として台湾に上陸した親戚は、街で良さそうな家を見つけるとドアに名刺を貼りつけ、それが接収を意味したという。好き勝手に振る舞う外省人を見て、台湾本省人たちは、新たに祖国となった中華民国の台湾省で、再び自分たちが二等国民の烙印を押されたことを知ったのである。

友人は言う。

「祖父は一生かかって日本人になった。長年公学校の教員を務めて教頭になり、最後は校長代理だ。当時の写真を見ると、詰襟の文官服姿が格好いい。けれども、戦後中国から国民党が来ると、中国語ができないという理由で左遷されてしまった」

台湾社会は中国大陸の内戦に影響を受け、物価がどんどん上がり始めた。その上、公務員による汚職が多発。友人が親世代を真似て日本語で「おやま」と呼ぶ「阿山」こと国民党系外省人の横暴ぶりも加わって、庶民の暮らしは日本統治時代よりも目に見えて悪くなった。そして、終戦から一年半を経て起きた二二八事件によって、台湾社会はその後半世紀に渡って分断され続ける。

戦後に復員した秀才でハンサムな伯父は、地域の若者たちからリーダーと目されていた。そして、二二八事件に巻き込まれる。

「本人は元軍人だから、状況をちらっと見ただけで、これはまったく勝ち目がないとわかったそうだ。けれども血気あふれる若者たちを抑えきれず、一部が暴走。結局彼らは全滅したらしい」

首謀者扱いされた彼の伯父自身は、半年の逃亡を経て出頭。刑務所に入れられたが、家族が看守に金の延べ棒を渡して出所したという。

日本語を母語として育った末っ子の彼の父は、終戦当時、小学生だった。ある日を境に校長先生が中国から来た外省人に変わり、教科書は中国語になった。国籍も中華民国だ。

「新しい国語教科書に書いてあったそうだよ。『我々は立派な中国人です』って。つい昨日まで『君が代少年』だったのに」

言語と民族アイデンティティはいつも手に手をとってやってきた。日本の統治下でも、中華民国の統治下でも。それまで、国語も母語も日本語だった父は、学校で習う国語が中国語に変わったばかりか、家でも祖母から台湾語を学ぶようになった。元教員の祖母は教養があり、末っ子に台湾語で「三字経《さんじきょう》」を教えたという。「人之初、性本善」に始まる中国の伝統的初学者用テキストで、三文字が一句、全部で千字あまりからなる。韻を踏み、内容は儒教の徳目や一般常識で、子どもにも覚えやすいものだ。その文章を台湾語で学ぶことによって、台湾語の発音と漢文（中国語）の基礎文法を身につけることができる。説明は日本語でしたのだから、元教員だった祖母ならではの高度な家庭教育だった。

国語とアイデンティティ

友人の父は国籍が中華民国に、国語が中国語に変わったが、同世代の友人たちとはその後もずっと日本語で話し続けたという。三歳年下の母は、終戦時に小学校低学年だったため、日本語はできるものの、父のように流暢ではない。日本は台湾を五十年間統治し、終戦時には台湾人の同化が完成に近づいていた。それでも、日本の撤退後、ずっと日本語を話し続けた世代は、一九二〇年代から三〇年代前半生まれまでの一世代に限られる。台湾出身で初めて中華民国総統の地位についた李登輝氏がその代表的人物である。

友人の父は大学に進んで経済を学び、銀行勤めを経て会社を設立、日本との貿易などに従事した。戒厳令下では、法律は外省人が勉強するもので、台湾本省人は文系なら経済、理系なら独立して開業できる医学部に進んだものだという。家では祖父が残した日本語の文学全集を読み、読破すると、今度は日本語書籍の海賊版を扱う有名店から司馬遼太郎の作品などを購入していた（知的財産権が広く認識されるようになった現在の台湾では、もはや公然と海賊版を商う店はない）。

八十歳を越えた現在は、日本の警察小説を読むのが一番の趣味だという。

「耳が遠くなって、台湾語も中国語も聞き取れなくなった。それなのに、日本語だけは聞き取れるんだから不思議だよね」

一九六〇年代生まれの友人は、祖母にとって、可愛い末っ子の長男ということから、弟妹が嫉妬するほど溺愛《できあい》されて育った。

「子どもの頃から祖母に台湾語と日本語を教えられて育った。だから僕の母語は台湾語と日本語だ。中国語を使うようになったのは小学校に入ってからのこと」

当時、一クラス五〇人の生徒のうち、外省人は五、六人、いずれも公務員や警察官の子どもたちで、日本時代の官舎や駐在所に住んでいたという。授業は中国語で教えられるようになり、学校で日本語や台湾語を話すことは禁止されたが、放課後の子どもたちの世界では、日本語交じりの台湾語が使われていた。

「トランプの札の名前とか、友達同士のあだ名とかに日本語が残っていて、今考えてみると、それを日本語だと意識もせずに使っていた。日本人はもう台湾にいなかったのだけれど。日本語文化は一九六〇年代まで、間違いなく台湾文化の一つの層を形成していた」

祖母は死ぬまでカタカナで日記を書き続けた。そうした家庭での愛情あふれる教育があってなお、小学校から中学へと進む頃までに、友人自身は国民党主導による「党国教育」の感化を受けて、「中国人は中国語を話すべきだ」と確信するようになっていた。

「洗脳教育の成果だ。台湾人を中国人に同化させるためのもの。僕は優等生だったから、立派な中国人になりたくて仕方がなかった。学級委員でもあったし。校則で方言を話すことが禁止されているのに、台湾語で話している同級生がいたら、注意して首に『方言札』を掛けさせる。場合によっては罰金を取ることもあったよ。だから、いい気になって、つい家で父に向かって言ってしまったんだ。その後一生後悔することになる一言を」

そこまで話すと、彼は急に嗚咽《おえつ》をこらえきれなくなり押し黙った。そして、寂しそうに続けた。

「『方言はやめて、中国人らしく中国語を話しましょう』ってね。そうしたら父は静かな口調でこう返した。『私は台湾人に生まれたことを誇りに思っている』って」

そのことがきっかけとなり、友人は学校で教えられる内容に疑問を持ち始めた。そして祖母に基礎を叩き込まれた日本語の本を含めて、さまざまな本を読みあさるようになった。ある日、前述の、日本軍少尉となった二番目の伯父を訪ねたところ、本棚にはぎっしりと日本の文学作品が並び、中には島崎藤村の『破戒《はかい》』もあることに気づいた。『破戒』は、被差別部落出身の主人公が苦悩し、その出自を告白する小説である。

「藤村だよ。『破戒』だよ。伯父は台湾人として生まれたことを、どれだけ深く悩んでいたことかと初めて気づいて、本当にショックを受けた。だけど、もっとショックだったのは、伯父の子どもたち、僕のいとこたちは誰一人として日本語が読めないということだ。だから、彼らは、自分たちの父親が何を読み、何に悩んできたのかまったく理解できない。そこにぎっしり本が並んでいても」

少年工の息子——呉明益

戦争の結果、国と国との間で領土がやりとりされる。そこに暮らす人々の側から見れば、統治者、お上が変わる。新しい統治者の言葉が国語として強制され、以前の言葉が禁止されることで、個々人は大きな苦痛を味わう。日本統治時代に育った台湾人は、日本語による教育しか受けていなかったため、中国語への切り替えにとても苦しんだ。何十年たっても、書くことができるのは日本語だけという場合が珍しくなく、それを子どもや孫の世代は、複雑な思いで見つめた。

国民党政府による中国語教育、「党国教育」を受けて育った子どもの世代にとって、生涯にわたり日本的なものを保ち続けた親のことを理解するのは容易ではなかった。長年一緒に暮らしていても、話が完全には通じなかったのだ。手紙を受け取っても、完全には読めなかったのだ。言語の問題があり、文化の問題があり、時代の問題があり、政治の問題があった。言語の違いは親子間のコミュニケーションを阻害した。理解しようと試みて、茫然と立ちつくすかのような表情を私は何度も見たことがある。

神奈川県にあった高座海軍工廠《こうざかいぐんこうしょう》で、太平洋戦争末期、まだ十代の台湾人少年が八〇〇〇人も働かされていたという事実は、以前から語られてはいた。しかし、台湾で広く知られるようになったのは、二〇〇六年に『緑の海平線（英語タイトル：SHONENKO）』というドキュメンタリー映画が公開されてからのことだ。映画のナレーションを務めたのは、台湾語ロックの第一人者林強。そして、私がそうした人々の子どもたちと出会うようになったのも、比較的近年のことである。『歩道橋の魔術師』という不思議な雰囲気を持つ小説が日本でも翻訳出版されて評判になり、また続く『自転車泥棒』ではイギリスのブッカー国際賞にもノミネートされた作家の呉明益《ウー・ミンイー》が日本に来た時、「父は昔、高座にいたんだ」という話になった。

『歩道橋の魔術師』（白水社）。中華商場が表紙になっている

呉明益は、彼の父が戦後台湾に戻って家庭を持ち、社会も豊かになり始めた一九七一年に生まれている。彼を含む九人兄弟が育った場所は、かつて台北駅の南

にあって、今では幻のように消えてしまった中華商場という軍艦のように巨大なショッピングセンターだった。父がそこで靴屋を営み、家族は階上にあった四畳ほどのスペースに寝起きしていた。当時の雰囲気については『歩道橋の魔術師』に詳しく書かれている。台湾語や日本語や福州語や山東語やアミ語を話す人はいたが、国語である標準中国語を話す人だけはいなかったという。それにしても、作品全体が醸し出すあのマジックリアリズムのように不思議な雰囲気は、作者にとって、父の前半生が霞の向こうにあったことと大なり小なり関係しているのか。

呉明益は、父が戦争中、日本にいたらしいことは早くから知っていた。毎年、同窓会に出かけていたからだ。しかし父が学校の先生の勧めで日本に渡った当時、わずか十三歳の少年工だったことを理解したのは、父が亡くなり、遺品を整理していた時のことらしい。かつて日本人として戦闘機雷電の製造に加わった父は、息子に人生を語らないまま他界したのである。

父は戦後、苦労の末、台湾に戻ることができた。そして小さいながらも商店を営み、家族を持つこともできた。しかし、同じ少年工の中には、空襲などで亡くなり、故郷に戻ることができなかった人もいたのだ。そう知って、呉明益は日本に来る機会ができた時、まっすぐ高座に向かい、慰霊碑に手を合わせた。

「ところがそこには『台湾戦没少年』と書かれているだけで、一人一人の名前がないんだよ。日本の戦争のために死んで、故郷に帰れず、墓碑に名前すら残されていないんだ」

半ば憮然とした表情で彼が語ったことを忘れることができない。

彼は父の生前果たすことができなかった親子の会話を復元しようとするかのように、『睡《ね》る航路（睡眠的航線）』（二〇〇七年）という長編小説を書いた。もともと短編小説やエッセイでデビューした作家の初めての長編作品であり、父と自分、二人の語りが章ごとに交互に現れる構成になっている。また、ブッカー国際賞にノミネートされた『自転車泥棒』では、語り手の父が中華商場取り壊しの翌日に失踪する。そして、語り手は二十年後に、行方不明の父と盗まれた幸福印の自転車を探すため、記憶の旅に出るのだ。

日本統治時代に育った父親は、他の作家の作品中でも、寡黙な存在として描かれることが多い。子どもの世代はそれを日本的な性格あるいはふるまいだととらえてきたが、実は言語の問題も大きかったのではないかという疑問が、戦後六十年以上たち、ようやく浮上してきた。呉明益の作品は日本による植民統治の歴史を台湾の側から清算するポストコロニアル小説であり、国際的にも高い評価を受けている。

『骨まで愛して』——傅月庵

一方、文学作品の名編集者として知られる傅月庵《フー・ユエアン》は、『父子』と題したエッセイ集に収められた「父親」という一文に、一筋縄ではいかなかった父子関係を詳しく書いている。

戦後、高座海軍工廠から台湾に戻った父は、結婚して四人の子どもを持った。しかし、仕事に恵まれず、後半生を半ば魂が抜けたような状態で過ごしたという。毎晩必ず安い米酒を飲み、飲むと悪酔いすることが多く、台湾でもヒットした日本の歌謡曲『骨まで愛して』（一九六六年発売）を歌った（そのため、傅月庵は小学生時代、その曲を耳で覚えていて、歌うことができたという）。

実は彼の父が高座にいた頃、彼の祖父と伯母も仕事のため東京にいた。しかし二人は、一九四五年三月一日の東京大空襲で亡くなってしまった。その当時、父本人はまだ十代の少年工だったが、長男の責任として、空の箱に空襲がひどかった両国あたりの土を入れ、台湾に持ち帰ったそうだ。傅月庵は後年東京を訪れた際、総武線の電車が両国駅に近づくと心臓の鼓動が早まり、平常心ではいられなかったと書く。遺骨の不在と『骨まで愛して』が不気味に響きあう。

戦後になっても、彼の父は中国語を覚えて中国人になろうとはせず、国民党の「党国教育」を受けた子どもたちとは、ことごとく意見が合わなかった。ちょうど呉念真《ウー・ニエンジエン》監督の映画《多桑《とうさん》》の主人公のように。傅の父は日本語ができることから、大阪万博の際、中華民国館の厨房助手に雇われて渡日した。それが彼にとって戦後唯一の華々しい活躍の場面となった。

息子が兵役で離島に送られると、父は手紙を書いて寄越したが、日本式漢文のためよく理解できなかったという。最晩年は脳溢血の後遺症で、数年間寝たきりのまま過ごし、その世話は息子である傅月庵が引き受けた。死期が近づいた父は、機嫌の悪いことが多かったが、一九九〇年代の民主化により選挙権が与えられると、国民党に一撃を加えてやると主張し、息子に背負われながらも投票所に行った。そして「台湾の子」と呼ばれた民進党の陳水扁が総統に選ばれた時は、涙を流して喜んだ。その陳水扁がわずか数年後、金銭がらみの汚職で訴追されたことを、息子は父に対する手ひどい裏切りだと感じ、憤りがおさまらない。

父との間で、ようやく気持ちが通ったように感じたのは、父が亡くなって二年後のことだったという。北京の書画骨董街として知られる瑠璃廠《リウリーチャン》で開かれた古書市に行き、たまたま南満州鉄道株式会社の蔵書印がある日本語の資料を見つけて、ページをめくっていた。すると、信じられないことに、どこからか『骨まで愛して』のメロディーが流れてきたのだ。不意打ちをくらった息子は、その場に呆然と立ち尽くし、思わず滂沱《ぼうだ》の涙を流したと書く。

なお、傅月庵の姉林 皎 碧《リン・ジアオビー》は日本文学の優れた翻訳者で、夏目漱石、芥川龍之介、三島由紀夫、永井荷風から澁澤龍彦まで多数の作家の小説を中国語に翻訳している。高座海軍工廠の少年工は八〇〇〇人もいたわけではあるが、その二世から何人もの重要な文学者が出ていることは、果たして何を示しているのだろうか。

3　変容する「台湾」と学生運動

台湾という共同体――呉叡人

台北郊外にある中央研究院を訪れた。地下鉄青線の終点、南港展覧館駅からタクシーで五分ほどの場所だ。緑濃い丘の麓に研究棟が立ち並んでいる。市の中心部からはやや離れているが、外には亜熱帯の樹木が生い茂り、建物内は空調が効いていて、気持ちのいい研究環境だ。

　中央研究院は一九二七年に中国の南京で創立された、中華民国総統府直轄の最高学術機関で、人文社会科学、生命科学、数理科学という三つの大枠の下に、計三十一の研究所を擁する。その中で台湾史研究所は、二〇〇四年に正式に開所された新しい組織だ。現在専門研究員は二〇人。全員が台湾本省人である。

呉叡人博士

　話を聞きに行った呉叡人《ウー・ルイレン》博士は、まだ戒厳令下の一九八〇年代、台湾大学在籍中から、「白色テロ」にあう危険を冒しつつ、大学の民主化に取り組んだ学生運動の先駆者で、その後台湾ナショナリズム研究の第一人者となっている。同分野の古典とされるベネディクト・アンダーソン著『想像の共同体』の中国語翻訳者であり、著者とは個人的な親交もあったと聞く。アンダーソンは著書の中で「印刷技術が普及し、同じ言語で著された書物を読むようになった時、人々は自分たちの属する国家というものを想像するようになった。国民国家はそのようにして生まれたのだ」と書いている。それでは、常に複数の言語が存在してきた台湾で、人々は自分たちの暮らす社会をどのように想像しているのだろうか。

研究室の扉を開けて待っていてくれた呉博士は、私の質問を聞くなり、ノンストップで解説してくれた。中国語も台湾語も日本語も英語も立て板に水である。

「戦後七十年かかって、ようやく台湾の若い世代は、みんなが同じ言葉を話すようになりました。一九八〇年代以降に生まれた世代は、話を聞いているだけでは、台湾本省人なのか、外省人なのか、それとも原住民族なのか、もはやまったく区別できません。それでいて、はっきり他の地域とは違う、台湾ならではの中国語を話します。そのすぐ上の世代までは、それぞれアクセントがはっきりあって、親の出身地から支持政党まで、容易に推察できたものですが」

こうした変化には、二つの背景があるという。

「一つは世代交代です。もう一つは国際環境の変化。具体的にいうと、世界における中国の地位の上昇です。台湾にとっては、どちらも二〇〇八年、国民党が八年ぶりに政権に返り咲いて、馬英九が総統の座に就いたときに始まりました」

台湾では戦後、蔣介石親子による独裁が一九八八年まで続いた。中国全体を統治しているという建前の国民党だったが、現実には、台湾以外のすべてを共産党に奪われていた。それでも中国政権としての幻想を台湾の人々に押しつけるために、国語として中国語を強制しただけでなく、歴史はもっぱら中国史を、地理は中国地理だけを教えた。その間、台湾語、台湾史、台湾地理が台湾の子どもたちに教えられることはなかった。中学校のカリキュラムに台湾史が取り入れられたのは一九九七年。中央研究院に台湾史研究所が設置されたのが、二〇〇四年である。

「台湾の歴史は多重植民の歴史です。原住民族が暮らしていたところに、中国大陸から漢人が渡ってきて搾取する。そこへまた、清朝や日本といった外来政権が乗り込んでくる。ようやく日本の植民地時代が終わったと思ったら、今度は国民党が来た。国民党による台湾統治は、本国なき植民統治と呼べるものです。帰るべき祖国を共産党に奪われた一方、台湾社会では権力、経済とハイカルチャーを独占した。そして、少数が多数を支配するため、各地で一部の本省人に利権を与えて政治協力者を獲得した。長く台湾政治を蝕《むしば》むことになった腐敗の源泉です」

以前の台湾では、「黒金政治」を批判する声が強かった。黒は「黒道《ヘイダオ》」ことヤクザ、金は金権の意味である。民主化により改善された面もあるが、まだ一掃されたとまでは言えない。

「一九七〇年代になると、台湾経済が発展し始めました。政治領域では、『党外』こと民主化勢力が活発に雑誌を出し始めました。『台湾政論』とか『美麗島』とかね。『美麗島』編集部が七九年の暮れに高雄で主催したデモは弾圧され、軍法会議にかけられた八人がみな下獄したけれども、のちには全員が民進党政権の中枢で活躍するようになりました。総統になった陳水扁は、もともと彼らの弁護士でした」

一九八七年にようやく戒厳令が解除された。翌年、蔣経国の死亡をうけて、副総統だった李登輝が台湾出身者として初めて総統の座に就く。外省人を中心とする国民党の中で、民主化を進めようともがく李登輝の背中を後押しするように、九〇年三月、台湾史上初めての大規模な学生運動が起きた。全島から六〇〇〇〇人の大学生が台北の中正《ちゆうせい》紀念堂広場に結集し、座り込み、ハンストを行い、李登輝に政治改革を迫ったのだ。台湾大学などの教員たちも、講義の場所を広場に移して、彼らを支持した。それは、北京の学生運動が人民解放軍によって鎮圧された天安門事件の翌年のことである。台湾では、無血革命と呼べるほどの変革が起きていた。前年、東欧を席巻し共産党政権を倒した民主化の波と共振したのだ。学生たちは台湾原生の花である野百合を自分たちの運動のシンボルとして選んだ。そのため、彼らの運動は三月学生運動とも、野百合学生運動とも呼ばれている。

野百合から野いちご、ひまわりへ

台湾では国民党陣営を指して「青」（中国語では藍）、民進党陣営を指して「緑」と呼ぶ言い方が一般的だ。国民党の徽章《きしよう》が中華民国国旗の一部、「青天白日（青い空に白い太陽）」であることが青の由来である。国民党の緑は、もともとドイツの緑の党から借用されたもので、社会民主主義志向を示している。ただし、実体としての民進党は、さまざまな志向を持つ人たちの複合体となっている。

かつては、青の国民党を支持するのは外省人で中国との統一派、緑の民進党を支持するのは本省人で台湾独立派という傾向がはっきりしていた。ところが二〇〇〇年代に入ると、外省人二世であっても独立を支持したり、台湾本省人であっても経済への影響を考えて統一を支持したりするケースが見られ始めた。

そして、やってきたのが二〇〇八年からの馬英九時代である。八年ぶりに政権に返り咲いた国民党は、中国の経済的台頭におもねるかのように、それまで六十年間封鎖されていた台湾と中国の間の「三通（通郵、通商、通航）」を急速に進めた。すると、中国からの観光客が爆発的な勢いで台湾に向かい始めた。観光地が混雑し、高速鉄道や国内線の切符が取りにくくなったばかりか、資産を海外に移そうと企てる中国の金持ちが、台北の高級マンションを爆買いするなどの行為も見られるようになった。台湾の人々は政治的立場を越えて反発を感じたようだ。ある友人は「粗野なふるまいをする中国人を見ると、昔の台湾を思い出して嫌な気持ちがする」と言った。

台湾がチャイナストームに襲われていたさなかの二〇〇八年十一月、中国の高官が国民党幹部との会談のため台北を訪問し、台湾政府はＶＩＰ待遇で迎えた。反対意見を表明しようとする市民に対し、馬英九政権は暴力的な排除手段をとったため、抗議する学生、大学人など数千人が台北をはじめとして、台中、台南、高雄等各地で座り込みなどの運動を展開した。

「台湾では、野いちご学生運動と呼んでいます。少し昔、日本から入ってきていた流行語の『イチゴ世代』（団塊ジュニアを指す）をひねった言い方で、自分たちは見かけは弱そうかもしれないけれど、実は強いんだぞ、なめんなよという自己主張が込められている。そこに集まった八〇年代以降生まれの若者たちと話してみると、台湾本省人家庭の出身者だけでなく、外省人家庭の三代目も結構いるんです。親たちは国民党支持だけれど、自分はもううんざりだって。彼ら自身は台湾生まれの台湾育ち。豊かで、民主的で、人心の穏やかな台湾でずっと暮らしていきたい。なんで中国と統一しなければいけないのか、何で中国の役人を接待するために、台湾の市民を排除するのか、全くわからないって言うんです」

呉博士は続けた。

「彼らの話に耳を傾けるうちに、気がつきました。あっ、みんなが同じアクセントで話している。外省人も台湾本省人も原住民族も。民主制度は社会の融和を進める。だから民主制の台湾で育った若者たちは、みんな同じ台湾の言葉を話すんですよ」

こうした若者が話す言葉は、「台湾華語」と呼ばれることが多い。華語とは「中国以外の場所に住む漢民族＝華人」の言葉という意味で、もともとはマレーシアやシンガポールなど東南アジアで話される中国語を指した。台湾で話される中国語は、二十世紀末まで、「台湾国語」あるいは「台北国語」と呼ばれていたが、ミレニアム前夜に「台湾華語」と呼ばれ始め、その後着実に定着してきている。

そして、馬英九政権の六年目、二〇一四年には世界を驚かすひまわり学生運動が起きた。

「天然独」という生き方

「野いちごからひまわりへは、明確な連続が見られます。野いちごで経験を積んだ学生活動家たちが、その後市民運動や社会運動で力をつけて、ひまわりの大学生たちをサポートした。だから、あそこまで大きな運動になったんです。民主化から四半世紀をへて、台湾は成熟した市民社会を持つようになりました」

馬英九政権が、中国とのサービス業分野における貿易協定締結をゴリ押ししようとしたことに反発した大学生たちが、その年の三月から四月にかけて、二十四日間にわたり立法院（国会）を占拠し、それを支持する数千、数万の市民らが立法院を取り囲んで彼らを守った。立法院の占拠期間中、一〇〇人単位の医師や弁護士が交代で彼らに付き添い、万一の問題が起きないように見守ってもいた。最終的に学生たちは、立法院内の掃除までして、平和裡に撤退したが、馬英九政権はこの失態から回復できず、翌年の選挙で下野した。

「ひまわり学生運動を起こした彼らが、『天然独』世代です。ごく自然に『台湾はとっくに独立している』と感じている戦後の三代目。生まれた時から、台湾と中国は別々で、自分は中華民国（TAIWAN）と書かれたパスポートを持って海外旅行をする。中国と統一しなければならない理由はないし、台湾は実質的に独立しているのだから、あえて独立する必要性も感じない。二代前が外省人でも、本省人でも関係ない。つまり、とうとう本格的に世代交代が起きたということです」

そう話すと、呉博士はにっこりと笑った。

ひまわり学生運動と呼ばれるようになったのは、立法院内にひまわりを持っている学生がいるのをネットで見かけたある花屋の店主が、一〇〇〇本以上のひまわりを差し入れたことによる。

自らの力で民主化を勝ち取ってきた台湾人は、学生運動や市民運動に対して、冷笑的な態度をとらない。民主化は選挙制度だけでなく、台湾の政治文化全体におよんで、お上に唯々諾々《いいだくだく》と従うだけではない市民社会を形成したのである。

個人的に感慨を覚えたのは、古い友人の子どもが占拠に参加していたことだ。一九六〇年代生まれの友人は、大学院時代に野百合学生運動に関わり、その後ずっと改革派のメディアで仕事をしてきた。そういう親の子どもたち、あるいは呉博士の教え子たちが、親や教師や一般社会の支持も得て、立法院内で体を張ったのである。

ひまわり学生運動について、台湾で書かれた本を読んでいたら、「二〇一四年は台湾の一九六八年だった」と書かれていた。欧米や日本で学生運動が燃え盛った一九六八年、台湾は戒厳令下にあり、人々は白色テロに怯えていた。それから半世紀近くたち、ようやく根本的に体制にノーを突きつける運動が起きたのだ。一つの世代だけではなく、親子二世代の参加によって。

その後の選挙で、若者たちはもう青も緑もうんざりだとばかり、少し前まで存在しないに等しかった無所属の候補を支持する傾向を見せている。医師出身で白衣の色から「白の力」を打ち出した柯文哲台北市長への高い支持率が一例だ。

呉博士が言うとおり、青と緑、外省人と本省人、統一派と独立派の二項対立で台湾社会を読み解く時代は終わったのだろう。終わらせたのは世代交代と同時に中国の台頭である。台湾独立を志向する発言や行動に対して、今では国民党以上に中国共産党が強く反発してくる。そして、巨大な中国と正面からぶつかったら、ひとたまりもないことは言うまでもない。その一方、「とっくに独立している」という認識を持つ分には、誰も手を出すことができない。だから「天然独」は「天然」でありながら、優れて戦略的ともいえる生存様式なのである。

二〇一六年に発足した蔡英文総統の第二次民進党政権は、外交面で中国からの強い圧力にさらされている。台湾と国交を持つ数少ない国さえ、一つ一つ切り崩されていく。同時に中国は、豊富な資金で統一派を支援し、進学や就職の機会を与えることで若者たちを取り込もうともしている。国際情勢が混迷を極める中、ネットを利用した情報戦の気配も濃厚だ。一八年の統一地方選では、陰に陽に国民党を支援する中国の動きが、選挙の結果を左右したとみられている。台湾をめぐる客観的状況は楽観を許さない。

にもかかわらず、台湾社会は自由・平等・民主・人権など普遍的価値を尊重する社会として、日々驚くほど正常に機能している。それは同じ言葉を話すようになった人々が、同じ台湾という共同体を明確に「想像」しているからだろう。

別れ際、呉博士はメイド・イン台湾の明るい表情で、著書に「天上大風」と書いてくれた。

「日本の良寛和尚《りょうかんおしょう》が、凧《たこ》を揚げられないで泣いていた子どもに、こう書いてあげたら、凧は風に乗って、どこまでも上がっていったそうですよ」

第三章

鬼と神様の物語

1　不思議なものたち

広辞苑に訊く「お告げ」

不思議な記憶がある。

たしか一九九六年二月のことだ。ある日本の出版社が台湾特集のムックを出すことになり、書き手の一人として台北に取材に出かけた。現地で他のスタッフと食事をしていたところ、そのうちの一人から「これから面白いところに行くけど一緒にどう？」と誘われ、台北市内のビルにある宗教団体の事務所に同行させてもらった。中には、初老男性の先生が一人。信者は女性が多く、先生の前に行列している。全部で十数人ほどもいたと思う。

先生の前には会議室にあるような机と筆、墨、絵の具。信者が順番に進み出て、名前を告げると、目をつぶった先生はむにゃむにゃと呪文のようなものを唱え、そのうちトランス状態に入っていく。そして机の上に置かれた細長い紙に簡単な絵と文字を書き記すと、続いて先生の口から溢《あふ》れ出る言葉を、助手の女性が紙に書き記す。その言葉は人々が聞き取ることのできる現代の中国語や台湾語ではなく、古代の言葉なのだという。それを漢字で、いわば中国語の万葉仮名《まんようがな》のようにして、例えば「アイラ」なら「阿伊拉」などと書き記すのだ。自分の番が終わった信者は、謎の言葉が書かれた紙を持って隣接した部屋に向かう。そこにはなんと、会議机の上に広辞苑が何冊か置かれていた。そして、日本語を勉強したことのある女性たちが、中国語版万葉仮名を日本語に置き換えて広辞苑で引いていくのだ。例えば「阿伊拉」は「愛ら」だから「愛の複数形」などと。(えっ?)「日本語には中国古代の発音が残っているから、先生が中継した古代からのお告げを広辞苑を頼りにして現代語に翻訳する」のだと説明された。

漢字の日本語音読みに中国語の古代音が残っていることは事実だが、耳で聞き取った通りに広辞苑を引くと、そこに古代からの伝言が現れるという説には、どうにも無理があるように私には思われた。そもそも日本語には音読みと訓読みがあるわけだが、彼女たちがそこまで区別しているようにも見えなかった。だが、私が日本人だと知った信者の人たちは、「ほら、一緒に引きましょう」と熱心に誘ってくる。

それどころか、行きがかり上、私自身も先生に占ってもらうことになった。名前を聞いた先生は、ほぼ閉じていた目を一度開き、「日本人か」と確認すると、次にはかなりの大声で「はもーん」と一言。すなわち日本語の「破門」かと訝《いぶか》ったが、入門したかどうかもわからないうちに破門されるということがあるのだろうか。続いて先生は固く目を閉じ、例によってむにゃむにゃと呪文を唱えたあと、今度は薄眼を開いて筆をとると、細長い紙の上に、さらさらと木になった柿の実の絵を描いた。脇には漢字で「三世仏門今日真」の文字。その意味を誰かが丁寧に説明してくれたわけではないのだが、不思議なことに、そこには何がしかの真実が書き表されたような気がして、私は新聞紙に巻かれたその紙を大事に持ち帰った。

あれは一体何だったのか。私をそこに連れていってくれた人に尋ねても、はっきりわからないという。台湾にはよくわからないことが少なくないのである。しかし台北のとあるビルの一室で、そのような形で占いが行われ、信者の人たちがせっせと広辞苑を引いていた記憶は鮮明だ。そして、あの日先生が私の名前とともに描いてくれた柿の実の絵と「三世仏門今日真」の文字も、あせることなく、細長い紙の上に残っている。

「鬼」と「祖先」

夏休みに台湾に行くと、午後の時間帯、家の外に折りたたみ机を出して、「目に見えないお客さん」相手に大量の食べ物をふるまっている様子を見ることがある。道路の側には、遠来のお客さんたちに手を洗ってもらうための水を張った洗面器やタオルまで置かれ、さらに紙銭を火にくべてもいるが、これは人間界ならば、のし袋を手渡すようなものである。ちなみに、燃やされたものはすべてあの世に送られることになっている。

東海岸宜蘭《イーラン》県の羅東《ルオドン》に旅した時、あるレストランの前に置かれたお供えがあまりに立派だったので、店の人に「これは一体誰のためですか」と尋ねて相手を困らせてしまった経験がある。向こうは「鬼《グイ》」と口に出すわけにはいかず、事情をよく知らない外国人に「好兄弟《ハオシオンディー》」との関係を説明するのも気が重かったことだろう。

漢民族の伝統的な考え方によれば、人が死ぬと肉体から抜け出た霊魂は「鬼」となる。中国語の「鬼」は日本語の「幽霊」にあたる。だが「鬼」は子孫が祭祀を行うことで「祖先」へと身分を変え、いつの日か輪廻転生すると考えられている。そこには、儒教に基づく祖先崇拝と仏教と道教が混ざり合っている。

家族を持つ前の年齢で亡くなって、子孫に祀ってもらうことができなかったり、外出先で事件や事故に遭い、臨終時にしかるべき儀礼が行えなかったりすると、「孤魂野鬼《グーフンイエグイ》」と呼ばれて祟りが恐れられる存在となる。だが、そう呼んだのでは相手が気を悪くしかねないので、台湾の人たちは気を使って「好兄弟」（よい兄弟たち）と呼び変えるならわしである。「夜の墓場に霊魂がたくさん浮遊している」ということを「夜のクラブで好兄弟たちが盛大にパーティーを開いている」と表現するのだ。

旧暦七月はその名も「鬼月《グイユエ》」と呼ばれ、あの世への扉である「鬼門関《グイメングワン》」が開いて、さまざまな霊がこの世に戻ってくる季節だ。その中には祖先もいれば鬼もいて、みな一か月間滞在する。七月十五日は仏教でいうお盆の中日にあたり、台湾でも祖先供養を行うが、現地に信者の多い道教では中元節と呼び、寺廟ばかりか街なかの商店や民家でも「好兄弟」たちを饗応するための施《せ》餓鬼《がき》、台湾でいうところの「中元普渡《ジョンユエンプードゥー》」が行われる。

「好兄弟」にお供えするのは、豚のバラ肉塊、丸鶏一羽、尾頭付きの魚一尾、単数の飴やビスケット、四種類の果物、主食、飲み物、空心菜のスープなどと細かくメニューが決まっている。お供えする時間は午後二時半以降で、長い線香三本が完全に燃え尽きるのを待ち、最後に七杯の酒と洗面器の水を外に向かってまいて終了する。

子孫に祀ってもらえなくて寂しい思いをしている霊魂は、生者に面倒をかけてきかねないとあって、台湾の人々は旧暦七月中、結婚や引越しなど目立つ動きを避けようとする。それどころか、暗くなっても洗濯物を出したままにしておくと「竹竿鬼《ジューガングイ》」になって飛んでいきかねないから早くしまえなどと、この時期ならではの注意事項がいろいろある。もし家に「好兄弟」が入り込んでしまった気配がしたら、もぐさを焚いて煙を充満させるのがよいとテレビ番組で解説しているのを見たことがある。よもぎの葉には薬効と霊力があるので、春先の虫の多い時期には草餅にして食べ、体の痛みには乾燥させお灸にしてすえるが、焚き上げて部屋を燻《いぶ》すことで、悪霊を追い出すこともできるようだ。

中元普渡のお供え

中元普渡CF炎上事件

さて、二〇一八年の夏、中元普渡を半月後に控えた時期に、台湾でちょっとした事件が起きた。あろうことか「好兄弟」がテレビコマーシャルに出てきて、生者へのメッセージをとうとうと述べたのである。

二〇〇〇年ごろまでの中元普渡では、炎天下でも盛大に生の肉や魚が積み上げられている様子を見たものだが、近年は衛生面、環境面への配慮などから、いたみやすいものに代わり、スナック菓子、缶飲料など、腐らず、無駄にならない品をスーパーから買ってきて並べることが増えている。スーパーの側でも、消費者が買いやすいようお供えセットを用意していることが多い。日本でクリスマスに合わせて売り出される紙製長靴詰めのお菓子セットのような感じである。

台湾全島に九〇〇〇店以上を展開する最大のスーパーチェーン全聯《チユエンリエン》は、もともと戒厳令下、政府から「軍・公・教人員（軍人、公務員、教員）」に対して、生活援助の米、塩、食用油、灯油などを配給するための組織だった。初期にはアメリカからの支援物資が配られたようだが、経済成長を果たした一九九〇年代になると、その分は給与に上乗せして支払う金銭支給に変わった。配給業務を失った組織は民営化されてスーパーマーケットになり、現在に至る。そして、そのような背景を持つ全聯が、しばらく前から、中元普渡用品の発売時期に合わせ、新機軸のコマーシャルを流し始めていた。

最初の一本は、日本のホラー映画『リング』でおなじみの「貞子」だった。

長い黒髪で顔を隠し、白いドレスを着た女性が苦しそうにテレビ画面からはい出してきて、団《だん》欒《らん》中の家族の前でうごめき始めると、MC役の男性（ミスター全聯）が水の入った赤い洗面器を手渡す。顔を洗い終え、さっぱりした様子の、ただし顔は見えない彼女に家族全員が「歓迎《ホワンイン》！」と声を合わせて呼びかけ、一人ずつ缶入り、袋入りの食べ物を手渡していく。最後にみんなが線香をあげる映像に「帰る家のない好兄弟を暖かく迎えましょう」というコピーがかぶさって幕。

このCFは台湾では非常に有名で、「全聯の貞子」といえば、誰もが「ああ」というレベルの認知度を持つ。「貞子」という名は全く使われていないが、誰もが「貞子」と呼んでいる。そして、その人気に応えるように、全聯は翌年の中元節にも「貞子」を登場させた。今度も同じ場面設定だが、やたらと足の太い「貞子」で、最後にはテレビを見ながら美容体操している。どうやら、みんなからもらったお供えの品を食べすぎて太ってしまったらしい……。

全聯の中元節CFは毎年何本かずつ製作されている。「貞子」以外に米映画『13日の金曜日』の「ジェイソン」が登場したり、また一本のCFで「好兄弟」が見えるバージョンと見えないバージョンが作られたり、テレビ版では「好兄弟」の姿が見えないのに、全聯のホームページで見られるバージョンでは、パソコン上で特定のキーを押すと見えなかったものが見える仕組みだったり、はたまた「貞子」のように半分シリアス編と完全パロディ編があるなどして、毎年一定の話題を呼んできた。動画の再生回数は総計四〇〇万回を超えている。しかし、前年までは決して破られないルールが一つあった。それは「好兄弟」は自ら語らないということだ。

それがこの年、テレビ画面に登場した文学青年風の彼は、史上初めて、自分の言葉で「好兄弟」としての思いを語ったのである。ノスタルジックな雰囲気のドヴォルザーク作曲の交響曲第九番『新世界より』から『遠き山に陽は落ちて』のメロディーにのせて。

「好兄弟」と白色テロ

「最初は信じられなかった。何か目的があるに違いないと思った。でも年ごとにわかってきました。この世には親切な人がたくさんいるんだって。一家揃って、お父さん、お母さん、子ども、おばあちゃんまで、いくつもの大きな机に、食べ物、飲み物を、しかもおかわりの分まで用意してくれて。見ず知らずの人間を良い兄弟と呼んでもてなすなんて、そうできることではありません。僕から、『好兄弟』そして『好姉妹』を代表して、みなさんに御礼申し上げます。本当にどうもありがとう」

コマーシャルに登場した三十がらみの彼は、昔風の白っぽいワイシャツ姿で黒猫を抱き、台湾語でそう語った。部屋の隅には民国七〇年（一九八一年）と記された鏡が置かれている。

彼は自分でも言っている通り「好兄弟」なのだが、どこの誰だかわからない「孤魂野鬼」ではなく、誕生年も死んだ年も、出身大学も英語名まではっきりしていた。なぜならフェイスブックにCFとリンクされた個人アカウントが作成されていたから。

全聯のコマーシャルに登場した陳文成を思わせる人物

フェイスブックのアカウント名はアレン・チェン、一九五〇年一月生まれ、六八年から七二年まで台湾大学在籍。それが誰のことか、わかる人にはすぐわかった。一九八一年七月三日に謎の死を遂げた、白色テロの被害者とされる陳文成《チエン・ウエンチヨン》である。

彼は台湾大学数学科からアメリカのミシガン大学に留学し博士号を獲得した秀才だった。カーネギーメロン大学で助教の職にもついていた。この時は妻子を連れて一時帰国中だったのだ。それが政治情勢にも関心を持ち、民主化運動の雑誌『美麗島』に寄付をしていたという理由で公安機関の警備総部に連行され、翌日台湾大学図書館脇で遺体となって発見された。享年三十一。当局は「罪を畏れての自死」と発表した。それから四半世紀以上たったが、事件は未解決のままだ。

それまで何年にもわたり、中元節のコマーシャルで話題をさらってきた全聯だが、「好兄弟」本人に言葉を語らせたことはなかった。政治問題に直接触れたこともない。そもそもこれは全聯が意図して発したメッセージなのか、それとも広告会社の暴走か。ネット上で議論百出となった瞬間、全聯から声明が出された。

「広告と実在の人物の間には全く関係がありません。しかしながら、社会をお騒がせしましたので、今年の中元節広告放送は全て中止します」

最初の放映からまる一日もたっていなかった。そして翌日、騒ぎがまだ収まらないうちに、再度の声明が出された。

「放映準備していた三本のCFを三日間の限定でYouTube上に公開します。全てご覧いただければ、制作側の意図はお分かりいただけるものと確信いたします」

人々が慌てて公開された動画を視聴し、さらに急いで保存したことは言うまでもない。

結論から言うと、残り二本が公開されたことで、事態は急速に鎮静化する展開になった。問題のCFが実際に陳文成を暗喩していたことがほぼ確認されたと同時に、三本をまとめて見た場合、一つの政治事件を蒸し返そうというよりは、台湾の現代史を振り返って、みんなで死者を悼もうというメッセージが強く伝わったためだと思われる。

語り始めた死者たち

追加公開された動画の第一部には、驚くべきことに、小学生らしいセーラー服におかっぱ頭の娘を横に座らせた女性が出てきて、全く訛りのない日本語で話し始めた。

「私は子供を抱いていたのですけれど、後ろから押されて門を出ると、そこには食べ物だけではなくて、洗面器やタオル、歯ブラシや顔のパックまで用意してあって。面識もない私たちのために、こんなふうによくしてくださって、本当にやさしいなって思いました。何度も泣きたくなりました。あれがこの一年間の中で最も幸せな出来事でした」

日本語があまりに上手だし、演じているのは日本人女優に見えたから、私は当初、これは台湾に残された日本籍の「好姉妹」なのだろうかと思った。ところが、SNS上の議論を見ていると、彼女は日本統治時代の台南に生まれ、二十八歳で国民党による白色テロの犠牲となった丁《ディン・》窈《ヤオ》窕《ジヤオ》という女性らしい。

丁窈窕は名門台南女子高を卒業後、郵政関係の仕事についていたが、一九五六年、同じ職場の五〇人以上が共産党のスパイ容疑で逮捕された事件で、有罪とされた十四人のうちの一人。妊娠中に逮捕されて、離島の獄中で出産し、最後は泣き叫ぶ子どもから引き離されて死刑に処された。執行前、煙草の空き箱に入れて残した頭髪を友人が母校の樹の下に埋めたことから、丁窈窕の事件は後輩たちにも語り継がれてきたという。一九七〇年代、蔣介石の銅像がその樹の正面に建てられて、生徒たちの反発をよんだが、ようやく二〇一七年に撤去され、その件がメディアで報じられたばかりだった。また、白色テロを主題とするテレビドラマ『燦爛時光』（二〇一五年、公共テレビ）に彼女を模した人物が登場したこともあって、台南の関係者たち、特に作家の米果ら台南女子の後輩たちにはすぐにピンと来たらしい。

それにしても、日本統治時代に教育を受けた人が日本語を話したのは当然だとしても、半世紀以上たち、「好姉妹」となって出てくるときもなお日本語を話すとは。それで当たり前だと、台湾の広告制作者も視聴者も受け止めたことに私はやはり驚いた。

続く第二部では、湖北省訛りの中国語で話す大変品のいいおじいさんが語っていた。

「大勢の人が入り口で出迎えてくれたよ。肉や魚や甘いもの、ドイツのソーセージやソーダ水、米ドルまであった。本当に嬉しかったが、感謝の気持ちを伝える方法もなくてね。もうとっくに世界中から忘れられたものと思っていたけれど、まだ我々を覚えていてくれる人たちがいるってことは、実にありがたいよ」

この人物は自由主義思想のため台湾大学から解雇され、公安警察の監視を受け続けた外省人哲学者の殷海光《イン・ハイグアン》だと指摘され、すぐに旧居で運営されている記念館の管理者から声明が出された。

「CFを製作した広告会社から、事前にこちらでの撮影に関する相談がありましたが、殷先生は無宗教で中元普渡とは縁がないため、お断りしました。ただし、こうした機会を通じて、先生のことが社会全体で話題になるのは良いことだと受け止めております」

この炎上事件のすぐあと、台湾に行き、廟の中や商店の前でプラスチックパック入りの食品がお供えされているのを見た。中元普渡の風習は続いているが、十年前に比べたら、規模ははっきり縮小している。

その一方、一九八〇年代まで続いた白色テロについては、まだきちんとけりがつけられたとはいえない。国家の犯罪を裁くことは、個人の犯罪を裁くよりも難しいのだろうが、被害者家族や関係者の心は傷つけられたままだ。

前代未聞のCFでは、中元普渡という機会を借りて、今日なお自由に語ることがはばかられる過去について、死者たちが生者に代わり語ったとも言える。三人が穏やかな表情で感謝を述べたことがせめてもの救いだが、彼らが「好兄弟」「好姉妹」であり続けているのは、未だに恨みが晴れず輪廻転生できていないからだ。このCF炎上事件が国民党の犯罪を追及する民進党政権下で起きたのは、偶然ではないということだろう。

2　神々の物語

中元普渡の一日

ところで、台湾の人々が拝むのは、「鬼」だけではない。実は中元普渡の日も、正式には早朝から午後まで、四度の拝礼をすることになっている。それぞれ拝む対象も、お供えの品も、ふさわしい時間も、作法も異なる。

午前中は人間界の善悪をつかさどる地官大帝《ちかんたいてい》を拝む。中元節はそもそも上元、中元、下元のうち中元を治める地官大帝の誕生日なのだ。お祝いとして、家の前庭か中庭に机を出し、きくらげ、なつめ、シイタケなど精進料理の材料六点、赤い糸で結んだ乾麵、花束、五種類の果物などをお供えする。そして普段の行いについて、自ら反省点を述べて、地官大帝による許しを乞う。

昼には祖先を昼食でもてなす。伝統的には、家のまん中にある正庁《せいちょう》（日本でいう応接間と仏間を兼ねる）の神壇前にテーブルを置いて、お供えするのは、肉、鶏、魚に釜いっぱいの白飯、鍋いっぱいのスープ、豚肉の煮込み、五種類の副菜、四種の果物に米酒など。家族全員が線香をあげて位牌を拝み、祖先に感謝を述べる。

次に家の神様である地基公《ちきこう》を拝む。お供えは、台所の食卓に果物三種または五種、白飯二碗、おかず三品などを並べる。

これらすべてが済んで、ようやく最後に門口で「好兄弟」たちを拝むという順序だ。印象として、中元普渡＝「好兄弟」供養なのは、きっと旅人には屋外の儀式が見えやすいし、廟単位、自治会単位などで拝礼を行う際の張り紙も目につくからなのだろう。台湾の友人たちがＳＮＳにあげている写真を見ると、家で祖先を拝む際には、「亡き母はハイカラな人だったので」等の言い訳つきで、昔ながらの台湾料理に代えて、宅配のピザやケンタッキーのフライドチキンを並べたりしている。拝んだ後は、自分たちでお下がりを食べるということだろう。また、それに対する友人たちのコメントとして「いつもとは違っていいと思うけど、箱を開けておいてあげないと、食べにくいんじゃないかしら」などと書き込まれている。

たくさんの神々

それにしても台湾には神様がたくさんいる。定められた国教というものがなく、人々はそれぞ

龍山寺

れに道教、仏教、カトリック、プロテスタントなど、様々な信仰を持っている。回教も、日本から伝わった天理教もあるし、台湾原住民族の伝統的信仰もある。ただし、原住民族は日本統治をへて、第二次大戦後の宣教師による布教によって、ほとんどがキリスト教徒となった。

台湾で民間信仰とくくられる中には、道教も仏教も儒教も、自然崇拝の類も全て含まれていて、渾然一体となっている。台北一の古刹《こさつ》、淡水河沿いの下町萬華《ワンホワ》にある龍山寺を訪れてみよう。ここでは一年中、朝から晩まで線香の煙が上がり、熱心な信者たちが電子音の伴奏に乗せてお経を唱和している。本尊は観世音菩《かんぜおんぼ》薩《さつ》で、左右には普賢菩薩《ふげんぼさつ》や文殊菩薩《もんじゅぼさつ》なども並んでいる。いずれも金色に塗られていて、日本と比べると随分派手だが、見慣れた仏像の姿ではある。

ところが境内をさらに進むと、後殿に並ぶのは極彩色のさまざまな神像である。海の女神として人気の高い媽祖《まそ》、縁結びの神様月下老人《げっかろうじん》、子宝をつかさどる註生娘娘《ツウセンニユウニユウ》、三国志の関羽が商売の神様となった関帝《かんてい》、冥界の警察署長とも呼ばれる城隍神《じょうこうしん》。さらには北斗七星が神様となった大《だい》魁星君《かいせいくん》、太陽の神や月の神。赤い鞍を載せた馬の形そのままの馬爺《マーイエ》、緑の首筋に赤や黄のえらが並んだ龍爺《ロンイエ》も祀られて、信者を集めている。

日本の神社で祀られる八百万《やおよろず》の神様は、名前を持つだけで、姿形を持たないのが普通だ。ところが、台湾の寺廟では、ほとんどの神様がちょうど七福神を立体化したようなキャラクターの形をとり、かなりの割合で赤や緑やピンクなど極彩色に塗られている。

さらに、それぞれの神様の担当業務も大変細かく分けられている。例えば龍山寺の後殿右端には、学業の神様である文昌帝君《ぶんしょうていくん》が祀られている。神像の前にはポストが設置され、参拝に来る人は、これから受ける試験の受験票をコピーの上、住所・氏名・生年月日を記載して投函するよう指示が書かれている。また合格祈願のお供え品はネギと決まっていて、それは「葱《ツオン》」の字の発音が、聡明の「聡《ツオン》」と同じだからという理由による。

神様の担当業務が細かく分かれているので、人々は願い事の種類によって、異なる神様を拝みに行くことになる。たとえば、台南には子どもが十六歳になったことを旧暦七夕の日に祝う習慣があり、その際には子どもの成長を見守ってくれる女神様「七娘媽《チツニユウマ》」にお礼参りに行くのだと聞く。幼少時に「七娘媽」の養子にしてもらい、その後は何か問題が起きるたびに拝みに行くわけだが、一番最後が十六歳の旧暦七夕。女神様の誕生日であるこの日、お祝いにうかがって、肉、鶏、魚に乾麺、ちまき、四種の果物、各種化粧品に裁縫道具などを奉納の上、養子の印に長年赤

月下老人の像（左上）、馬爺の像（右上）、龍爺の像（下）
（龍山寺公式ウェブサイトより）

い糸で首にかけ続けた古銭なり銀の鎖なりをはずすのだという。

ところで、台湾には台北、台南はじめ各地に孔子廟があり、孔子が祀られている。多くの孔子廟は、もともと半分教育施設、半分宗教施設だった。それは江戸の湯島聖堂が、孔子を祀った聖堂と幕府の最高教育機関である昌平坂《しょうへいざか》学問所を兼ねていたのと同じである。

孔子は儒教の創始者で、その言葉を集めた『論語』には「怪力乱神を語らず」とある。目に見えないこと、不思議なことには触れず、あくまでも現世での行動指針のみ、明確な言葉で語ったものが『論語』である。宇宙誕生の神秘や死後の世界について語らない儒教は、一般的な宗教の定義からははずれ、統計上も宗教には含まれないことが多い。しかし孔子廟に溢れる文字、文字、文字を見ていると、そこには文字への深い信仰というものがあるように見える。また、台湾を含む中国文化圏の人々にとって、何よりも切実な信仰である祖先崇拝の考えは、儒教に拠っている。

台南孔子廟

海の女神媽祖

台湾で圧倒的な人気を集める道教系の神様を紹介しておこう。媽祖と王爺《おうや》である。

媽祖は、中国福建省に十世紀のころ実在した霊力の高い少女だった。漁師の娘で名前は林黙《りんもく》、その霊力によって、事故に遭いそうになった兄を救ったほか、幾多の海難事故を防いだと言われる。そのため、「黒水溝」と呼ばれた波の高い海峡を超えて台湾に渡った移民たちは、安全な航海を祈って、故郷の福建省にある媽祖廟《まそびょう》から線香の灰などを持ち込んだのだ。

媽祖廟は台湾全島で合わせて九〇〇か所あまり。東海岸、宜蘭県南方澳《ナンファンアオ》の漁港を見下ろす山肌に建てられた南天宮媽祖廟には、純金や翡翠《ひすい》で作られた豪勢な像が建物を埋め尽くすほどに奉納され、李登輝元首相の手になる「島国慈航」という四文字の横額が飾られていた。それは大柄な元首相のイメージにそぐわない女性的な筆跡で、台湾島を一艘の船になぞらえた上、「安全な航海を期す」という願いが記されたものだ。移民の子孫である人たちの心に深く響くことだろう。

なお、媽祖は華南各地で信仰されていて、香港では天后（ティンハウ、広東語）と呼ばれ、廟の所在地は地下鉄の駅名になっている。マカオにいたっては、その名の由来が、まさに媽祖を祀った廟を意味する「媽閣」（マーコッ、広東語）である。

毎年の春、媽祖の誕生日である旧暦三月二十三日前後に、台湾西海岸の大甲《ダージア》、白沙屯《バイシャートウン》、北港《ベイガン》、三か所で行われる「媽祖巡礼」とは、神輿《みこし》に乗せられた媽祖像が管轄地域を巡って人々に安寧をもたらすという行事である。神輿はもちろん担ぐ人がいて進むわけだが、伝え聞くところによれば、細かい進行方向は媽祖様自身が決めているので、例えば一般庶民に被害をもたらした会社の幹部が行く手にひざまずいて待ち構えていても、近寄ってはもらえないそうだ。

この「媽祖巡礼」という行事は、都市化が急速に進む台湾にあっても、次第に廃れてくるどころか、若年層にも人気を博し、毎年のべにして一〇〇万に上るとも言われる人々が、全行程八泊九日、しばしば野宿さえ伴うハードな徒歩行に一部なりとも携わろうと勇躍参加する。どうやら、台湾人としてのアイデンティティに訴えるものがあるらしい。

媽祖の像（龍山寺公式ウェブサイトより）

渡来神王爺

媽祖信仰の中心地が台湾西海岸の中部ならば、南部では王爺の存在感が大きい。統計によれば、王爺廟の数は台湾全島で実に一六〇〇を超えている。

西南部の東港で三年に一度行われる行事では、一週間に渡る宗教儀式のあと、数万人の信者が見守

水兵の人形を乗せた王爺船（高雄・旗津）

る中、木製の巨大かつ精巧に作られた王爺船に火が放たれる。かつては死病だったマラリアなどを海の向こうから時々訪れる渡来神である王爺に持ち去ってもらう意味があったという。こうしたことから、王爺は疫病神なのだと言われるが、いったい病そのものなのか、それとも病を除去してくれる存在なのかははっきりしない。宗教学者に尋ねても「なにせ民間信仰ですから」としか答えてくれない。どこかから王爺像を乗せた船が浜に流れ着くと、その場所に廟を建てて祀るという風習があり、また船に王爺像と食料を乗せて浜から送り出すという風習もある。

やはり西南部にある台湾最大の港町高雄から、小型フェリーで目の前にある細長い島、旗津《チージン》に渡ると、そこの海鮮料理屋では、神壇に媽祖像と船の模型が上げられていた。王爺船を神様として祀っているのだ。近くの天后宮《てんこうぐう》に安置された古い木造の王爺船は、全長数メートルもの大きさで、近世の水兵を模して精巧に作られた人形がたくさん乗せられている。それぞれ武器を手にしているから、どうしたって東インド会社のオランダ人を台湾から追い出した鄭成功の水軍を想像するところだ。

不思議なことだが、特定の人物が神様となった媽祖と違い、王爺にはたくさんの姿形、名前がある。その中には鄭成功もいれば、林、陳、李などの各姓を代表する王爺もいるほか、石や犬が神様として祀られるようになったものまである。

いずれにしても、人々に災いをもたらすとして恐れられる存在を神様に祀り上げ、船に乗せて遠くへ送り出すという側面が強く、日本の御霊《ごりょう》信仰になぞらえる研究者もいる。太宰府に流された菅原道真は学問を司る天神様となって今日まで受験生の信仰を集めているが、もとはと言えば道真が左遷されて去ったあと、京都で不吉な事件事故が相ついだことから、怨霊を慰める目的で祀られたのが最初である。王爺信仰の両面性と通じるものがあるように思える。

3　変わりゆく宗教儀式

童乩

台湾の道教系民間信仰の習俗に、神が憑依した状態で自分の体を傷つけ、血まみれの姿でお告げを語る童乩《タンキー》の存在がある。シャーマンの例としては、日本にも恐山のイタコなどがあるが、童乩の場合は、自分の頭に包丁を立てたり、真鍮の棒で両頬を貫いたりするなど、激しい行動をとる。祭りの際こそ荒々しいが、普段は低料金で相談者の話に耳を傾け、アドバイスをしてくれる存在として、庶民階級から絶大な支持を集めてきた。例えば、小説家呉明益の母は、判断を迫られることが起きるたび、童乩に相談する習慣だそうだ。そちらは男性が主だが、やはりトランス状態に入って筆を持ち、白砂の盤の上に神のお告げを書き記す扶鸞《フールワン》は女性が多い。日本のコックリさんに似ている。以前筆者が出会った、紙の上にお告げの言葉や絵を描く先生もその系列に入るのだろう。

冠婚葬祭や宗教儀式の際、大量に点火され、騒音と煙をもたらす爆竹は、随所に貼られる文字を書いた赤い紙同様、魔除けの意味を持つ。チャルメラの金属音が鳴り響く宗教音楽も、その現代版である鼓笛隊も同様である。漢民族の文化では、招福と魔除けはセットになっていることが多い。日本でも節分の豆まきの際には、「福は内、鬼は外」と言って招福と魔除けを同時に行うように。

葬儀の際に芝居や人形劇の一座を招き、近所の住民が集まるにぎわいの中で故人を送るならわしも伝統的にあった。特に古希を過ぎた七十歳以上での逝去は「白喜事《はくきじ》」とされ、ひ孫が生まれていればさらに「四世同堂《しせいどうどう》」の大往生だとして、幼子にお祝いの赤い頭巾をかぶせもする。

それが一九八〇年代あたりから、台湾の田舎では葬儀の余興として、電飾トラック上で踊るストリップショーを招くことが流行し、海をこえてシンガポールや中国にまで広がっていった。欧米のメディアが台湾の葬儀を「世界の奇妙な習俗」として報じることが繰り返し起こり、暴力団との関わりが指摘されるなどしたため、近年では下火になっている。

「神猪」の変遷

だが、台湾で宗教儀式が過剰な方向にふくらんでいく傾向を持つのは、葬儀に限ったことではない。旧暦七月の中元普渡は、客家の場合、伝統的に、各地の廟で七月二十日に「義民祭《ぎみんさい》」という名称で実施されることが多い。清朝統治時代に漢人住民による反乱が起きた際、漢族移民ではあるが少数派の客家は、当局側に求められて鎮圧に参加することが多かった。その際、命を落とした人々が「義民」である。子孫がいないため祀られることのない魂を慰めようというのが、「義民祭」の趣旨だ。

「義民祭」のお供えとして、羊や豚をまるまる一頭準備するうち、次第に羊の角の長さや豚の体重が競われるようになった。そしてもともとはお供え品だった豚の「猪公《ジューゴン》」が、あるときから「神猪《シエンジュー》」と呼ばれ、身分も神に変わっていたのである（「猪」は中国語で豚を指す）。「賽神猪《サイシエンジュー》」（神豚比べ）と称して、太らせた豚の重さを競う行事が白熱化し、一番の目玉イベントとなる頃には、通常一〇〇キロ程度のはずの豚がなんと五〇〇キロを超え、時には一トンに達するほど巨大化していた。

太りすぎて、もはや自分では動くことができないばかりか、一見しただけではどちらが頭か尻かもわからない姿となった豚を屠《ほふ》って毛を剃り、骨を抜き、腐敗防止にニンニクなどを混ぜた酒を塗布する。夜空を背景に、まるでデコトラのように飾り立てた「神猪」をいくつも並べ、優勝した「神猪」には本物の金メダルをかけてやる。もちろん最後には生贄として「義民」に捧げ、料理して食べるのだ。これでは豚にとって、あまりに残酷ではないかと、動物愛護の観点から批判されるようになったのは二十世紀も終わる頃だった。

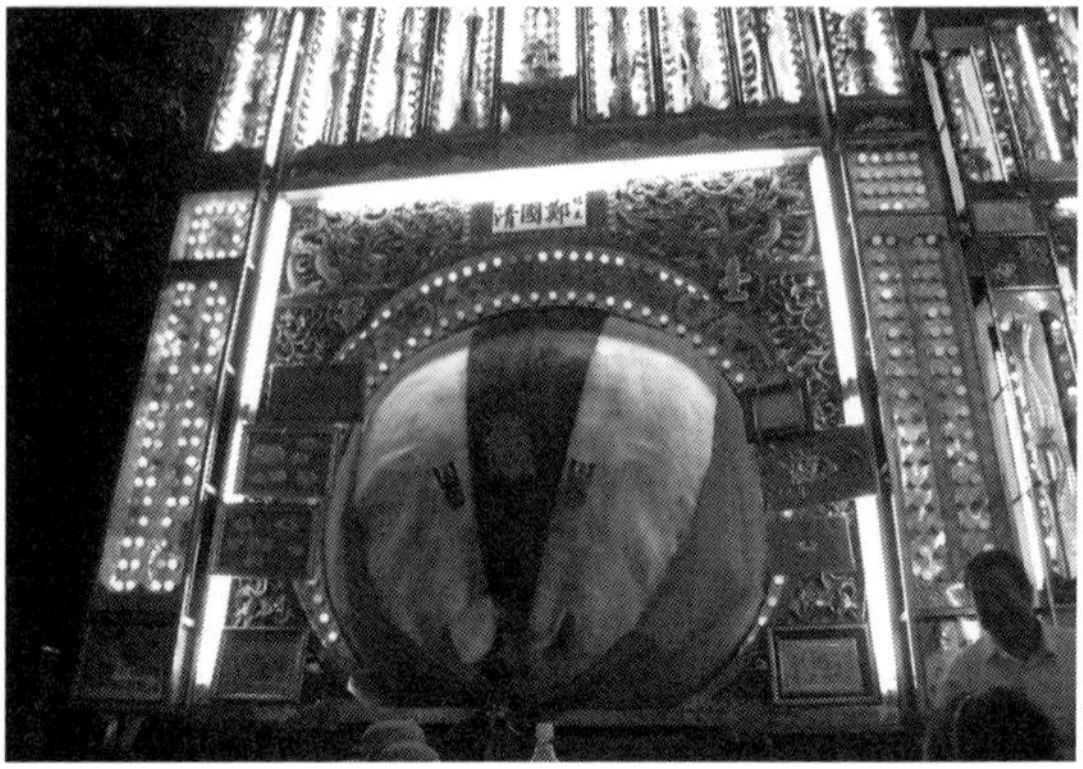

飾り立てられた「神猪」（提供：Mnb）

かつて巨大な「神猪」が毎年ニュースとなった台湾北西部の桃園市では、その後、伝統継承と環境保護のバランスをとるという観点から、「賽神猪」が「クリエイティブ神猪アート」のコンクールに変更された。それもリサイクルの瓶や缶を使って製作することが条件というエコぶりである。学校単位などで製作された入賞作品二〇点は、昼間小型トラックに乗せられて市内を練り歩いたあと、夜の式典で優勝作品が発表されるという手順だが、わずか数年前のグロテスクで巨大な「神猪」に比べると、まったくおもちゃのような可愛らしさである。

同じ二〇一八年の中元節、東海岸の台東県池上では、まだ従来の「賽神猪」が行われていた。

三つの廟が毎年順番に主催するため、三年がかりで五〇〇キロを越えるまでに太らせた豚が六頭登場。日暮れごろ、人々は銅鑼《どら》を叩き、爆竹を鳴らして「神猪」とともに村々を練り歩いた末、主会場の廟に到着すると、最後の化粧直しを行った。評定は重さだけでなく、飾りの豪華さ、美しさにもよると定められている。とはいえ、以前に比べて参加する豚の数が減っているばかりか、メディアの取材には、残酷な印象を与えないよう「心を込めて育ててきた」と答えるなど、ここでもあと何年「賽神猪」が続くかわからない。

葬祭の急激な変化

かつて伝統的な台湾の葬祭は複雑を極めた。そもそも息を引き取る場所は自宅でなければならず、病院で危篤に陥ると、人工呼吸器をつけてでも家まで連れ帰る必要があったし、臨終に間に合わなかった子や孫は、這って家まで帰る決まりがあった。

台南のエッセイスト米果は、中学生だった一九七〇年代、学校で祖父急逝の連絡を受け、農村部にあった祖父の家に駆けつけたところ、「家の門から先は匍匐《ほふく》前進で進むこと」と命じられ、ズボンをはいていたにもかかわらず、膝が血まみれになったと書いている。また、死者の息子の妻は、葬儀の際の泣き声が小さいと、近所中から「なんと冷たい嫁か」と非難されるので、隣近所に聞こえるボリュームで泣くこともたしなみのうちだった。慣れない家族を指導して、正しいタイミングで泣かせる「哭《な》き女《おんな》」は、昨今ではテレビ番組の登場人物にちなんだ「孝女白琴《ハウリーペーキン》」という名称で営業し、月収が三〇万台湾ドル（約一〇〇万円）に達すると、イギリスのＢＢＣでも報道された。

初七日から四十九日までの長い時間が七日ごとの法事に費やされ、ようやく土葬を済ませてから六年後には、また遺体を掘り出して遺骨を壺に移し、改めて墓に収めるなど、伝統的な葬祭はたいへん手数のかかるものだった。以前は台湾旅行に行くと、必ずどこかで、法事のために設営されたテントを見かけ、中で所在なげに時間の経過を待つ遺族の姿を見かけたものだ。

それが二十一世紀に入り、事態は急激に変化している。火葬がすでに九割を超えたばかりか、都市部では病院からセレモニーホールに直行することが一般的になった。もはや家での臨終はまれなこととなり、這っての移動や、号泣が求められることもなくなった。背景には当局の指導と、社会の変容の両方がある。火葬された遺骨は、今では大体がロッカー式納骨堂に収められるから、昔のように四月の清明節に郊外の亀甲墓を訪れて、一家総出で草むしりのあと墓参りし、弁当を広げることもなくなった。日本と同じように、少子高齢化や環境問題が進行する中、樹木葬や海での散骨も始まっている。

二つの遺体

ところで、台湾社会が大きく変わりゆく中、時代に置き去りにされた遺体が二つある。一九七五年と八八年にそれぞれ死亡した蔣介石、蔣経国親子の遺体が、黒い花崗岩《かこうがん》の棺に入れられたまま、埋葬の時を待っているのだ。

蔣介石は、第二次世界大戦が終わったばかりの一九四六年に、中国の南京にある孫文の墓所、中山陵の脇に自らの墓所を用意した。ところが、戦況の悪化で、四九年に台湾への撤退を迫られたまま、悲願だった「大陸反攻」の実現を見ずにこの世を去った。息子の蔣経国も、死んだら中国浙江《せっこう》省にある母の墓所近くに埋葬して欲しいと言って瞑目した。どちらの願いも叶わぬまま、遺体は桃園市大渓《ダーシー》鎮にあるダム湖畔の旧別荘に安置されている。

何度か蔣家の親族の一部から、もう台湾で埋葬しようとの声が上がり、工事が始められたこともあったのだが、そのたびごとに、声を上げた人物が先に亡くなることが続き、結局、親子二代に渡る元総統は棺桶に収まったまま、放置され続けている。古代の中国では、政争などに敗れた人の遺体を「故郷に送り返せる日を待つ」と言って、数年間安置して置く「停柩《ていきゅう》」と呼ばれる風習があったというから、その影響により、こうした事態が三、四十年も続いてきた側面もあるのだろう。

だが、遺体の保管には巨額の管理費がかかる上、蔣介石、蔣経国親子に対しては「独裁者で白色テロの責任者」という歴史的評価も定まりつつある。反感から棺に赤ペンキを撒かれる事件も起きた。

二〇一六年に政権をとった民進党の蔡英文政権は、総統府の床に「POWER TO THE PEOPLE」と記していることが示すように、自らを革命政権と位置づけ、二二八事件や白色テロで殺された人々、その遺族に対する正義の実践（台湾では「転型正義」と呼んでいる）を政策課題にあげている。そして、台湾各地に置かれた蔣介石の銅像を移動させるなどの「非蔣化」措置を着々と進めて来た。移動された銅像の多くは、棺の保管場所に隣接する彫刻公園に運ばれた。立ったり、座ったり、馬に乗ったりしている蔣介石像が二〇〇以上も集められ、独特な景観を作り出している。

蔡政権にとって真のターゲットは、台北市の真ん中にある巨大な蔣介石顕彰施設、中正紀念堂だろう。道教的に見れば廟に当たり、台湾全体が亡き総統を悼むために建設されたものだ。陳水扁総統時代に一度「台湾民主紀念館」と看板を架け替えたが、政権に復帰した国民党により元に戻された。

陳政権の「正名（名前を正す）」運動だけでは完結しなかった民主化の実践を、蔡政権は実のある「転型正義（正義の基準を直すこと）」で成し遂げようとしている。紀念堂の中心に置かれた高さ六メートル三〇センチの巨大な銅像が撤去されるとき、台湾でひとつの時代が終わると言えるだろう。

第四章

赤レンガと廃墟の物語

1　台湾に残る日本建築

近代化の遺産

台湾には日本統治時代にさかのぼる建築物がたくさん存在する。

台北を例にとると、アメリカならホワイトハウスにあたる総統府、すぐ近くの公園にある国立台湾博物館、台湾大学医学部付属病院など、いずれも日本統治時代の一九一五年から二〇年にかけて建設されたものが、一〇〇年後の現在も当初と同じ目的で使用されている。他にも旧台北帝国大学（現台湾大学）、高等商業学校（現台湾大学法学部）、台北公会堂（現中山堂）など多くの歴史的建築物が日本による近代化初期にさかのぼる歴史を持つ。

これらは日本で言うなら東京駅を思わせる赤煉瓦や石造り、コンクリート造りの荘厳かつロマンチックな建物で、実際に東京駅を設計した辰野《たつの》金吾《きんご》の弟子などが手がけている。いずれも地元自治体や中央政府によって古蹟・文化財に指定され、保護・修復・一般公開されているので、古い建物を見て歩くだけでも、台湾旅行は楽しい。

全島をぐるりと巡っている台湾鉄道の駅舎が、また一つ一つ粒ぞろいで、台南のように旧上野

総統府（上）、国立台湾博物館（下）

駅に似た小さく古い駅舎をそのまま使用しているところもあれば、台中や高雄のように新駅のすぐそばにそのままの形で移設して保存しているところもある。そのように台湾各地をまわって歩くと、日本統治時代の市役所が台中ではカフェとなり、高雄では歴史博物館となり、台南では旧州庁舎が文学館となって、今も市民に愛され、活用されていることがわかるだろう。

ただ実のところこうした建築物は、日本の敗戦・中華民国政府による接収直後から一貫して大事に扱われてきた、というわけでもないのである。

連合国軍の一員として第二次世界大戦（日中戦争、太平洋戦争を含む）の勝者となった中華民国だが、国内では共産党との内戦が続き、混乱のさなかにあった。また、それまで日本統治下にあった台湾は、当時の中国国内よりもインフラ整備が進んでいた。そのため接収に当たった台湾省行政長官公署は、いわば「居抜き」で日本時代の施設を継続利用したのである。

例外は神社や日本人の銅像などで、日本時代を直接想起させるものは政府の命令により破壊された。神社は各地で鳥居の一部を削って中国風の牌坊《はいぼう》に姿をかえられ、中華民国の戦没者を祀る烈士廟《れつしびょう》になった。日本時代の総督をかたどった銅像は孫文や蔣介石のものに取り替えられた。だが多くの建物・施設はそのまま使用された。

内戦は一九四九年に共産党の勝利、中華人民共和国の成立で終わり、蔣介石率いる中華民国の国民党政権は、幅二〇〇キロメートルの海峡を渡って、台湾への避難を余儀なくされた。当初は「大陸反攻」が一番の政治目標だったが、一九五〇年に朝鮮戦争が勃発した後は、国際情勢の変化やアメリカの方針もあり、徐々に実現が難しくなった。それでも、建前としては一時の居場所にすぎないはずの台湾で、国民党政府は、日本時代からのインフラを利用こそすれ、手間ひまと資金をかけてまで整備・補修を進めようとはしなかった。

朽ちる日本家屋（台北市新生南路）

一九七〇年代になると、中華民国は国連代表権を共産党の中華人民共和国に奪われ、日本やアメリカとの正式な国交関係も断絶した。その時期に父のあとを継いだ蔣経国は、経済力・工業力を向上させて動揺する人心を安定させるため、十大建設と称する大規模公共事業を行った。中正（現桃園）飛行場、台湾鉄道北廻《ベイフィ》線（宜蘭県蘇澳新駅―花蓮駅間）の建設などである。

当時、終戦から約三十年が経って、日本統治時代の建物は軒並み老朽化が進んでいた。建築ブームの中で取り壊され、建て替えられたケースも多かったが、当面空き家となって捨て置かれるものも珍しくなかった。そうした空き家、空きビルは、大方が日本政府や個人の資産を接収し、国有化の名の下で、実際には国民党関係者が随意占有したものだった。所有権が不明瞭なことも多く、捨て置かれるうちに廃墟化、お化け屋敷化することも珍しくはなかった。

民主化と建築物保護

台湾で日本統治時代の建物が古蹟指定されるようになったのは、一九九〇年代からである。この時期、民主化が徐々に進み、総統は国民党籍ながら台湾本省人の李登輝、台北市長は次の総統となる民進党所属の陳水扁だった。台南ではかつてアメリカで台湾独立運動を率いた人物が市長に選ばれ、高雄でも「美麗島事件」を担当した民進党所属弁護士が市長に当選していた。

中国で八年間の「抗日戦争」（日中戦争）を戦い、日本に敵愾心《てきがいしん》を持つ外省人たちは、日本人が台湾に残したインフラ等を使用しつつも、日本的なものを忌み嫌った。こうした心情については、台湾映画史上の最高傑作とされる楊徳昌《エドワード・ヤン》監督作品『牯嶺街《クーリンチエ》少年殺人事件』で、主人公の母が絞り出す台詞が語りつくしている。

「日本人と八年も戦争して、どうして日本人の建てた家に住み、日本の歌を耳にしなくてはならないの！」（背景には、近所の本省人が大音量で流す橋幸夫『潮来笠』が聞こえている）

そうした外省人たちに任せておいたら、日本時代の建物はそのうち全て取り壊されてしまうだろう。そうならないうちに急いで手を打たなければ、というのが台湾を愛する本省人たちの共通する思いだった。

台湾本省人にとって、日本統治時代は台湾史の一部であり、建築物は近代化の遺産である。

植民地時代は、入学試験制度の不公平さや、日本人に対する外地勤務加算で給与が日本人の六割ほどであったという差別待遇や、「大人《たいじん》」こと警察官によるやたらな暴力などに悔しい思いをした。台南の台湾歴史博物館には恐ろしかった日本人警察官の様子が、実物大の人形に再現され、展示されている。だが、戦後五十年がすぎ、それがもはや二度と戻らぬ過去となったとき、記憶に新しい国民党政権下の白色テロと比較して、むしろ積極的に郷土の歴史として受け止めようという機運が生まれた。父母や祖父母が生きた時代とは遠く隔たっても、せめて優れた建築物だけは守ろう。そういう動きが民主化とともに各地で生まれ、台湾本省人政治家によって保護手段がとられたのである。

展示される日本人警察官の人形

一九九〇年代以降、地元出身で民進党所属の市長が選ばれた地域では、目に見えて環境や景観が改善された。高雄で一時は汚染によりドブ川状態となった愛河《アイホー》が、両岸に文化施設の並ぶ憩いの場に姿を変えたのは、その一例である。

林百貨——廃墟からランドマークへ

前回訪れたとき、完全な廃墟だったビルが、デパートとして新装オープンし、買い物客であふれている。数年ぶりの台南で、林百貨《リンバイフォ》の変貌ぶりに驚かされた。

林百貨（ハヤシ百貨店）は日本統治下の一九三二年、当時台南銀座と呼ばれた末広町に、山口県出身の林方一《はやしほういち》が開いた百貨店で、台湾では台北の菊元百貨と並ぶ二大デパートのうちの一軒だった。銀座三越や新宿伊勢丹のように、交差点に面した角に正面が向く「街角建築」で、台南で初めてエレベーターを設置した五階建ての近代的デパートを、当時の人々は「五階建て」と呼んで、休日には買い物のためだけでなく、エレベーターに乗ったり、最上階の食堂でプリンを食べたりするためにも出かけたものだという。台南の人々にとって、林百貨はモダンで豊かな生活の象徴だった。

だが、太平洋戦争末期の一九四五年三月一日、台南はアメリカ軍による空襲を受け、四〇五人が死亡、五〇〇人あまりが重軽傷を負い、一〇七三棟の家屋が全焼、四三五棟が半焼する惨事となった。林百貨の屋上にも銃撃によりいくつもの穴が無残に開いた。

八月十五日の敗戦後、日本人は引き揚げを命じられ、林百貨の建物は他の大型商業施設同様、強制接収の対象となった。国民党軍が上陸すると、「五階建て」には政府の塩務《えんむ》管理局（塩の専売事業を管理する部局）、塩務警察（税収源である製塩所の警備を担当する部局）、食糧局、銀行、空軍放送局など中国大陸から渡ってきた組織が次々と入り込み、各フロアを思い思いに占拠した。

戦後、日本政府や個人の資産は「日産《リーチャン》」と呼ばれ、中華民国の国有財産または県や市の資産として接収されるはずだったが、実際には国民党関係者が思いのままに使用し、林百貨の建物も、時間が経つとともに荒れていった。のちには故郷に帰ることのできない退役軍人とその家族など六組が住みつき、最後の二組が出ていったのは二〇〇五年。すでに戦後六十年が経過していた。この間、一九九八年に台南市により古蹟指定されたことで、国有財産局から台南市へ土地と建物の所有権が移管されていた。

再オープンした林百貨（2018年）

私が前回訪れた二〇〇九年末には、割れたままのガラス窓から雨風が吹き込み、立ち入ると危険なため、一階部分には木材で柵が設けられていた。一九九九年の台中大地震でかなりいたんだらしく、足を踏み入れるには勇気のいるお化け屋敷だったといっていいだろう。軒下で靴磨きの老人が細々と営業していた。

聞くところによると、翌二〇一〇年の一月に修復工事が開始され、三年がかりでついにかつての英姿《えいし》が蘇った。台南市政府は修復後の林百貨を商業施設として貸し出すことに決め、最終的に地元で百貨店を経営する企業が運営を任された。二〇一三年十二月、伝説の林百貨が六十八年ぶりに再オープンした。セレモニーには創業者林方一の子孫も日本から招かれた。

今日では丸に林マークのTシャツやバッグに加え、「ＭＩＴ」ことメイド・イン・台南のお土産や雑貨などが並べられて、観光客で混雑している。そして古蹟保護の観点から、常に入場者数が把握され、混雑しすぎないよう調節を図ってもいる。かつて十二人乗りだったエレベーターは、現在では六人乗りだ。

古き良き戦前十三年間の栄華の歴史。その後六十年以上続いた没落の時期。台南の人は全員が祖父母や父母から林百貨の物語を聞いていた。そして、お化け屋敷と化したかつての名門デパートの前を終始不安な気持ちで行き来していたのである。彼らの林百貨再生に対する思いは決して浅くない。

従軍慰安婦像の設置

その台南林百貨入り口向かいに、二〇一八年夏、台湾で初めての従軍慰安婦像が設置された。国民党台南支部の敷地内だが、公道に接し、林百貨を訪れる地元の人や観光客が信号待ちをする場所である。設置セレモニーには、馬英九元総統も、熱帯の炎天下に礼服、黒ネクタイ、サングラス姿で参加し、スピーチでは民進党政府が慰安婦問題を取り上げていないことを批判した。

台湾出身で慰安婦とされた女性たちがいたことは歴史的事実であり、その数は一二〇〇人に上ったと言われる。民主化が浸透した現在の台湾社会では、さまざまな声を発する自由が重視されていて、台北の問屋街としてにぎわう迪化《てきか》街《がい》には「おばあちゃんの家」という名の慰安婦記念館もある。したがって、慰安婦像の設置自体に反対する声は聞こえない。

　それにしても、なぜ、台湾初の慰安婦像が台南林百貨の正面に設置されたのだろうか。馬英九元総統の式典での発言からは、それが国民党対民進党の政争、イデオロギー対立の一環であることが読み取れる。日本統治時代の商業施設を公費で復元する動きは、地元の民進党支持者を喜ばせる反面、台北に代表される国民党、「抗日史観」を持ち続ける外省人たちには納得のいかない事態なのだろう。そうした気持ちの根源を表象するのが、慰安婦像だということだ。

設置された従軍慰安婦像

　台湾のSNS上には、「どうして台南の一等地に、国民党支部が土地を持っているのか」「不当な資産ではないか」という疑問の声が飛び交っていた。実際、この土地については、所有権のあり方に不服な市民から裁判所に訴えが起こされている。

台南市は地元出身で民進党所属の市長が当選した一九九〇年代末以降、古蹟保護・修復・再利用のリーダー的存在となってきた。日本統治時代に台南州庁舎として建てられ、戦後は市役所として使われていた建物を、二〇〇三年という早い時期に、国立台湾文学館に再生させた。その入り口正面にあるロータリーは、かつて一九四七年の二二八事件で、日台両方の血を引き、地元の若手リーダーだった弁護士の湯徳章《とうとくしょう》が、国民党軍によって惨殺され、見せしめとして遺体がさらされた現場である。のちに蔡英文政権で首相となった頼清徳《らいせいとく》は、台南市長時代に惨殺記念日の三月十三日を「正義と勇気の記念日」に定めた。同時に、現場のロータリーも日本統治時代から国民党独裁時代をへて、何度目かの改名と再整備が行われた。

台湾では歴史の再評価が今なお日々進行中なのである。古い建築物の保護や再生が、単にノスタルジーの表現ではないのみならず、またリノベーションを通じた再活用にもとどまらない意義を持つ所以《ゆえん》だ。

2　台北昭和町をめぐる

台北昭和町

鉄筋コンクリート造のビルでさえ、六十年放置されれば危険な状態になる。日本式の木造家屋ならばなおさらだ。それも高温多湿の台湾にあっては。

戦後七十年を経て、台北市南部の和平東路《ホーピンドンルー》をはさむ一帯では、何棟もの古い木造平屋住宅が、コンクリート壁の向こう、椰子やパンの木など亜熱帯・熱帯の庭木の陰で、すっかり朽ち果てて自然に帰ろうとしているさまを見ることができる。

その一方、近辺には清潔な板壁に真新しい黒瓦が載せられ、人々の語り合う声が漏れ聞こえてくる木造家屋もいくつかあり、案内板を見ると、茶藝館《ちゃげいかん》（種類豊富な煎茶を飲ませる店）やカフェ、レストラン、ギャラリーなどとして営業していることがわかる。

このあたりは、昭和の初め、台北帝国大学、高等商業学校、台北高校などに日本から招聘されてきた教員らが、私有住宅建設のために組合を組織し造成した住宅地で、当時は昭和町と呼ばれていた。一戸あたり一〇〇坪強から二〇〇坪強ある敷地に亜熱帯の庭木を配置。通風をよくするため、床も天井も日本より高くし、開放感のある和洋折衷のデザインで、腐敗しにくい檜《ひのき》を多用した住居が、全部で一〇〇棟あまりも建てられた。住民は知識人層が中心であり、プライバシーを考慮して、各家屋は平屋建てとする紳士協定が結ばれた。

日本統治時代の台湾総督府は、高等官と中等以下の判任官用にそれぞれ官舎の設計基準を整備し、その結果、台湾各地に判を押したように同じ形の長屋式公務員宿舎が作られた。台北北部の淡水《ダンシュイ》にあった警官宿舎はその一例で、日本の敗戦後、中華民国の警官およびその家族が住み続けた。二十一世紀に入り、最後まで残った警官家族が引き払うと、一時はアーティストのアトリエとして開放されたものの、最終的には取り壊し、再建の対象となった。

その点、台北昭和町の大学住宅は、一棟一棟、施主の考えと希望に基づいて施工された点で、例外的存在である。これは台北帝国大学の教員たちが、日本国内の帝大から異動してくるにあたり、事前に欧米への留学を認められるなど好待遇だったこと、また仕事の性質上、長期にわたって台湾に住み、場合によっては骨をうずめることも考えていたことによる。この地域から、のちに古蹟指定される家屋がたくさん出たのは、そもそも設計のレベルが高く、個性的で、保存するに値すると判断されたことが一番大きい。

さらにもう一つ重要な点を付け加えたい。戦後、国民党による接収の例にならい、これらの木造住宅に入居したのは、中国各地から招聘された研究者・学者だった。当初彼らは、台湾と中国大陸の間を自由に往来し続けられるものと考えていたが、一九五〇年に朝鮮戦争が起きて、アメリカ第七艦隊により台湾海峡が封鎖されると、何十万もの家族が引き離されたまま四十年近くが過ぎてしまった。その間に起きた悲劇、喜劇を含むさまざまな物語を大学住宅に住んだ本人や子どもたちが書きしるして、台湾社会に残したのである。これが、そうした住宅についての貴重な記録となった。

戦後の国民党による教育を受けた台湾人は日本語を読むことができない。しかし、歴史とはその定義からして、文字に書かれた記録の研究である。中国語による記録が書き残されて初めて、日本統治時代を含む昭和町の歴史が、台湾の人々によって共有され、語り継がれることが可能となった。そして結果的に、その舞台となった古い木造家屋の保護・修復につながっていったのである。

民主化運動の聖地――紫藤盧

台湾の人々によって語り継がれている建物の物語の中でも、最もよく知られているのは、日本家屋を利用した茶館として有名な紫藤盧《ズートンルー》（台北市新生南路三段）であろう。

戦前、日本人が建てた木造家屋に、一九五〇年、中国人経済学者の周《ジョウ》徳偉《ドーウェイ》氏一家七人が住み始めた。当時周教授は税関の署長でもあり、その宿舎として貸し与えられたもののようである。彼はイギリスとドイツに留学経験をもつ自由主義者で、同分野の専門家だけでなく、若い世代の画家や作家もしばしば招いては活発な議論を交わした。北京大学学長や駐米大使も務めた胡適《フー・シー》、のちに著名な作家となる李敖《リー・アオ》など多彩な人々が周教授のサロンに集った。欧米由来の自由主義思想はここから台湾各地に伝播したとされる。

特に民主化黎明期には、野党の結成が禁じられる中、「党外《ダンワイ》」と呼ばれた民主化グループに属する活動家や無名の芸術家にとって、生涯忘れることのできない貴重なアジールだったと語り継

紫藤盧の内観

がれている。そのため路地にはいつも公安警察のジープが停まっていたとも聞く。七〇年代、国民党上層部の不興を買った周教授が退職して渡米すると、息子で元新聞記者の周渝《ジョウ・ユー》氏がここを拠点に小劇場運動を始めた。集会結社の自由が認められていない戒厳令時代、ロシア映画の上映、前衛舞踏のリハーサル、国民党政府に目をつけられた民主活動家たちの会合もここで行われた。周渝氏は一九八一年に茶館を開き、庭に植えられた三本の藤にちなんで紫藤盧と名づけた。

その後も芸術作品の展示会や音楽会、反戦運動、国際交流などさまざまな活動に場所を提供し、一九九四年には李安《アン・リー》監督作品『恋人たちの食卓』の撮影にも使われた。この作品の主な舞台となった昭和の洋館風木造家屋も近くにあったが、すでに取り壊されてしまった。九七年、紫藤盧は台湾で初めての市定古蹟に選ばれたが、まさにその当日、国有財産の不法占有だとして封鎖されてしまう。もともと税関署長の宿舎として貸し与えられたもので、息子が長期に渡り商業活動に使用するのは違法だという理由だった。

民主化運動の聖地を見舞った危機に、文化界から支持の声が上がり、一九九九年、台北市文化局が所有権を獲得。茶館営業は文化協会により続けられることとなって今日に至っている。その間、ベストセラー作家で台北市文化局長や台湾政府の文化部長（日本の文化庁長官に相当）も歴任した龍應台が、二〇〇三年に「紫藤盧とスターバックスの間」という評論を発表し、グローバリズム時代における台湾文化の象徴としてその名を挙げたことから、台湾に限らず、中国、香港、シンガポール、マレーシアなど各地の華人にも知られた存在となっている。

紫藤盧の内部は畳敷きの和室が中心だが、建物全体は繰り返し台風や火事の被害に遭って、改築、増築を経ているため、必ずしも昭和町時代の木造住宅の様子を今に伝えているとは言い難い。さらに、この建物に関しては、もとの日本人所有者、居住者についてはほぼ語られてはいない。それが一九九〇年代までの国民党系外省人の流儀だったのだ（近年になり、台湾総督府の土木局などに技官として勤めた浅香貞次郎という人物の住居だったと言われ始めている）。外省人作家の龍應台が紫藤盧を高く評価するのも、外省人二世による民主化運動の聖地だという「戦後台湾物語」の要素が大きいのである。

青田七六の物語

一方、二〇一〇年代以降、古蹟指定に基づき補修・復元された建築物については、台南林百貨の場合もそうだったが、日本時代の所有者について触れられることが多い。一番の理由は時間の経過とともに、当事者も三代目になり、土地や建物の所有権問題が浮上する可能性が減ったことだろう。

その所在地から青田七六《チンテイエンチーリウ》（青田街七巷六号）と呼ばれる木造家屋は、農学者の足立仁《まさし》台北帝大教授が一九三一年に自ら設計し建築した自宅であった。足立教授は北海道出身で、妻は侍従《じじゅう》長《ちょう》から終戦時の首相となった鈴木貫太郎の次女、実の姉は昭和天皇幼少時の養育係を十年間勤めた後に、鈴木貫太郎の後妻になっている。足立教授は独英米三か国に留学後、一九二八年台北帝大に着任、終戦まで理農学部農芸化学科で応用菌学講座を主催した。ただし、本人は四四年末、出張で日本に戻ったまま、終戦を迎えている。

そこに中国から来た地質学者の馬廷英《マ・ティンイン》教授が入居したのは、終戦の年の暮れだった。馬教授は一八九九年に大連で生まれ、十代のうちに日本に渡り、東京高等師範学校を経て東北帝国大学に入学、弱冠三十五歳にしてドイツのベルリン大学と東北帝大の二か所から博士号を授与されている。中国に戻ってからは、最高学術機関である中央研究院などで研究や教育に携わった。一九四五年に日本が敗戦し、台湾を放棄することが決まると、中華民国政府の要請によって、同じように東北帝大や北海道帝大への留学経験を持つ研究者らと計六人で渡台し、台北帝大で教授職についていた二名の台湾人教員とともに、日本側執行部から台北帝大を接収して、新たに国立台湾大学を立ち上げたのである。

終戦直後の台湾は、満州などと比べて治安が良好に保たれたこともあり、旧台北帝大の教授陣は多くが四七、四八年まで台湾大学にとどまったのち帰国した。台北帝大の医学部長だった森鷗外の長男森於菟《もりおと》も四七年まで引き続き解剖学の教授を務めている。

現在はレストランとなっている青田七六

馬廷英教授一家の生活については、長男で作家の亮軒《リアンシュエン》（本名馬国光）氏が著書『青田街七巷六号』などに著しているほか、現在レストランとなっている青田七六でトークセッションを行ってもいる。亮軒氏によると、父の馬教授は四五年末に渡台してから七九年に亡くなるまでの三十四年間、ずっとこの家に住み続けた。入居当初、四十六歳だった教授は、最初の妻と離婚協議中で、二年後台湾に合流した二人の子ども（姉と亮軒氏）は、父と叔母一家、時には家庭教師とともに敷地面積二〇六坪の日本式木造家屋で暮らすことになった。応接間、食堂、書斎、座敷、客間、子ども部屋、女中部屋、大人用と子供用に分かれた便所、風呂場、広縁に加え、サンルームや、昭和町で唯一プールまで備えた豪邸だったという。

亮軒氏によれば、馬廷英教授は元の持ち主であった足立仁教授に家屋の代金を支払って譲り受けたはずだが、終戦時日本に帰国していた足立教授と直接の面識はなく、戦後台湾大学に残っていた元同僚を通じての交渉ではなかったかという。いずれにせよ、入居して数年後には、高額の固定資産税を払い続けられなくなり、馬教授は家屋敷を台湾大学に引き渡した。

「これで税金を払わなくてすみ、修繕の費用も大学が持つことになった」

と、父は鼻高々で家族に語ったが、大学が実際に修繕を引き受けることはほぼなく、建物は徐々に劣化していった。馬教授は六十五歳で三十歳年下の日本人女性と再婚し、息子、娘が生まれたが、その後になって、思いもよらず台湾大学から退職を迫られた。しかも受け取った退職金が些少だったことから、その後は生活するのに精一杯で、家の修理をすることなどまったく不可能になったという。

馬廷英教授は一九七九年にこの家から病院に搬送されて死去。亮軒氏はそれ以前に家を出ていた。残ったのは、夫に先立たれた叔母と四人の子ども、継母と異母弟妹。従兄弟の一人は結婚してからも住み続け、最後に残った亮軒氏の異母弟が、台湾大学から繰り返し退去要請を受けて、とうとう引越していったのは二〇〇九年だった。長年手入れをされなかった庭では雑草がジャングルのように生い茂り、柱も床もシロアリに食われて、かつての豪邸はもはや廃墟と呼ぶしかない状態だったと亮軒氏はいう。

こうした記述からわかるのは、戦後国民党とともに台湾へ渡った外省人は、日本人が残していった家屋を接収して入居すると、たとえ所有権が勤務先の組織に属していて、個人所有となっていなくても、最低限本人と配偶者の生きている間は住み続けることができたという事実である。それは他人からは恵まれていると見えたとしても、国のために故郷を失ったと感じている当人たちにとっては、まったく当たり前の話で、本人と配偶者の死後には何の補償もなく引き渡さなければならないということさえ、彼らには理不尽に映ったようだ。

もう一つ興味深いのは、足立教授の旧居に、日本刀六振りと短刀が残されていたという話である。いずれも戦後の台湾で、日本家屋に住んだ経験を持つ外省人二世の映画監督の作品、侯孝賢の『童年往事』とエドワード・ヤンの『牯嶺街少年殺人事件』には、どちらも天井裏から日本刀が出てくる。どうやら植民地台湾に暮らしていた日本人は、軍人だけでなく、大学教員のような文化人であっても、日本刀を所有していて、引き揚げに際しては、みな黙って置いていったようだ。

古蹟を守る方法

台湾大学は昭和町に有していた木造住宅の多くをすでに取り壊し、建て替えている。残存する住宅も多くが内部を洋式に改装されて、元の様子を留めていないのに対し、馬廷英教授宅は家族が住み続けていたことで取り壊しを免れ、また改築する費用を負担できなかったために、建設当時の設計がそのまま保たれていた。こうした経緯でかえって古建築としての価値が高まり、二〇〇六年に台北市の市定古蹟に登録、保存が決まった。有形文化財としての名称は「台湾大学日式宿舎——馬廷英故居」である。

ただし、役所は古蹟指定をしても、保護や修復の費用を出すわけではない。二〇〇九年に空き家となったあと、見る間に朽ち果てていくかつての豪邸を、多額な費用をかけて修繕し、日本料理を出す古蹟レストランとしての運営を引き受けたのは、台湾大学地質学科で馬廷英教授の孫弟子にあたる人々だった。彼らは黄金種子文化事業という企業体を立ち上げ、二〇一一年に開業した青田七六の営業が軌道にのると、翌年には、台湾大学に属するもう一つの市定古蹟で、やはり長年に渡り朽ちるにまかされていた「台湾大学日式宿舎——陳玉麟故居」の修復・運営を引き受けて、「野草居食屋《イエツァオジューシーウー》」としてオープンした。こちらはより居酒屋に近い。

大学が所有する文化財である古建築をレストランや居酒屋にすることを疑問に思う向きもあるかもしれない。しかし、収入を生まない施設が存続できないのは、歴然たる事実だ。特に高温多湿の台湾で、放置された古い木造建築が朽ち果てるのはあっという間である。また長年ギャラリーを兼ねた茶館として存続している紫藤廬が、一人分のお茶に食事代ほどの高額料金をとっているのも、アルコールランプで沸かしたお湯で、少しずつお茶を飲みながら、ゆったりした時間を過ごすための代金であると同時に、古建築を保持していく助けにもなっているのだと考えれば、納得がいくことだろう。

旧昭和町地区には、他にも哲学者殷海光、作家で台湾師範大学文学院長を務めた梁実秋《リアン・シーチウ》の家などが今も残り、保存されている。戦後中国から渡来して、戒厳令期を生き抜いた自由主義知識人の足跡をたどる文学散歩コースが形成されているのだ。

日本語のメディアにより日本語で語られる戦前の物語と、中国語で外省人二世が記す戦後の物語。旧昭和町には二重の語りが存在するが、言語の壁によって、互いに見えづらくなっていることを指摘しておきたい。

3 「文化創意」ブーム

文化創意園区

二〇〇〇年代以降、台湾各地に文化創意園区《ウエンホワチユアンイーユエンチユー》と呼ばれる施設が続々オープンしている。多くはもともと日本統治時代に遡る歴史を持つ酒造工場などで、戦後は中華民国専売局のもと生産を続けていたが、二十世紀の終わりまでに、いずれも老朽化で操業終了に至った。大抵の場合、生産は別の場所に建てられた新施設で継続されたが、跡地をどう利用するのがよいか。政権政党による占有や転売を通じての利益独占は「不当党産」と呼ばれ、野党や市民団体の厳しい監視の目にさらされる時代になっていた。

ちょうど民進党の躍進と政権交代の時期に当たり、それまで国民党政権下では、ほとんど打ち捨てられていた台湾の文化的環境を一新しようという機運が生まれていた。民進党は「本土派」と呼ばれる台湾本省人、中でも独立を志向する人々によって結成された政党である。彼らにとっての「本土」は中国大陸ではなく足元の台湾なのだ。こうした人々が地元愛、台湾愛に根ざして政治に携わると、これまでとは異なる新しい考えが生まれてくる。

　その結果、ブレア政権時代のイギリスにならい、以前からある伝統的な文化事業に加えて、クリエイティブな要素を持つ産業を振興しようという考えから、「創意」という新しい言葉が、中央政府の側から使われるようになった。「園区」は英語のパークの中国語訳だが、従来は産業やIT科学、などの語と結びつけて使われていた単語である。

花蓮文化創意園区

　今や台北の華山《ホワシャン》、松山《ソンシャン》（旧煙草工場）、台中、嘉義、花蓮《ホワリエン》、台南（旧倉庫）など各都市で、不動産市場に出せば、さぞや高い値段がつくと思われる中心地区に、突如として巨大な空間が登場し、古い産業施設が保存・公開されていい味を醸し出しているばかりか、劇場やギャラリー、手工芸品や地元特産品などを扱うショップ、さらにはカフェやレストランも立ち並ぶ盛況ぶりである。日本だと世界産業遺産に登録された富岡製糸場などに類するイメージだが、それが都会の真ん中にあって、地元のアーティストやお店を始めたい若者たちに場所と機会を提供している。

国有の古蹟、文化財であることから、園区への入場は無料が基本である。ギャラリーや講演会場でさえも無料で貸し出されている場合が多い。そのため、ベビーカーを押したお母さんや、車椅子を押した外国籍の介護者たちが気軽に散歩にやってくる。商業主義とは無縁のゆったりした雰囲気が新鮮だ。

中には台北の松山文化創意園区のように、空き地に植物が繁るにまかせておいたところ、いつの間にか市内で有数の緑地帯になっていたという驚くべき話すらある。しかも台北の松山と華山は、目抜き通り沿いの近接した場所にあるが、工場時代はその巨大空間が塀に囲まれていた。それが、ある日突然開放された結果、急に周囲の空が広くなり、景観が一度に変わってしまったのである。

保存される眷村

松山文化創意園区の近くには、中華民国の父孫文を記念する国父紀念館や台湾一のノッポビル台北一〇一がある。さらにそこから徒歩五分の場所には、四四南村《スースーナンツン》と呼ばれるかつての眷村《けんそん》が保存されていて、ここもまた一種の文化創意園区となり、日本の雑誌に「レトロでおしゃれな街並み」だと紹介されたりしている。

眷族《けんぞく》という言葉は日本語にもあるが、中国語では主として軍人の家族を指す。眷村は軍人の家族が集まって住んだ場所のことである。ただし軍人といっても将軍家族は大きな屋敷に住んだので、眷村に住むのは下級兵士の家族。したがって軍人村というよりは兵隊村、それも兵隊家族村と言った方が、正しいニュアンスを伝えられると思う。

台湾大学出身で父は国民党軍の将軍だった白先勇《バイ・シエンヨン》という有名作家がいる。彼の代表作に数えられる『台北人』という短編集は、実は中国から台北に渡ってきた外省人の群像である。中に「一把青《イーバーチン》（一束の緑）」というタイトルの眷村を描いた一篇があり、近年テレビドラマ化されて大人気を博した。

それは一九三〇年代から四〇年代、中国での戦争（日中戦争、国共内戦）中に、夫を戦場に送り出した妻たちが、門と塀で外とは隔絶された宿舎に集まって暮らしながら、夫の帰りを待つ姿を描いていた。内戦の末、国民党軍が台湾に敗走すると、各地の眷村も続々と台湾に渡った。しかし、撤退の混乱で夫を失ったり、はぐれてしまった一部の妻は、眷村の外で、厳しい世間の荒波にさらされることとなった。

「一把青」の舞台となったのは空軍の眷村だったが、ほかにも陸軍、海軍、そして情報担当の兵士の家族が、別々の小さな「村」に分かれて暮らした。軍の組織であるために数字で呼ばれることが多いが、台北で最も古い眷村とされる四四南村の場合、山東省青島市にあった四四兵工廠という武器の製造や修理を担う工場の関係者が住人だった。四四兵工廠の労働者やその家族が、台湾到着後に割り当てられたのは、もと日本陸軍の倉庫だった建物である。雨露をしのぐ屋根と壁こそあれ、元来倉庫だったので台所や便所はなく、住民たちは共同炊事場と公衆便所を使わなければならなかった。

現在の四四南村

戦後中国からやってきた外省人のうち、昭和村の大学住宅などに入れたのは、ごくごく一部のエリートに限られ、混乱期に渡台した人たちの多くは、元来宿舎ではなかった場所に押し込まれたのである。それすら贅沢な話だと憤慨する、より底辺の外省人だって珍しくはない。

一九七〇年代以降、各地で眷村の建て替え、移転などが進められた。バラックづくりの違法建築である場合も多かったのだ。しかし、住民の側からすれば、当初は一時的避難のつもりだったものが長期化し、ようやく生活が落ち着いた頃、また無理やり移動させられると感じて、強硬に反対運動を展開したエピソードが、映画や写真など多くの美術作品に残されている。特に四四南村のように、正式な軍の組織ではなく、しかも戦争中に移転をくり返したことから、出身地がバラバラで互いに言葉も十分に通じない住民から構成されていたところでは、意見の集約が難しかったこともあって、結局二十世紀の終わりまで五十年以上もの間、劣悪な環境での生活が続いたのだ。

多くの場合、第一世代の死去をへて、やっと話がまとまり、取り壊し開始となった時、眷村育ちも少なくはなかった外省系文化人などから保存を求める声が上がった。結論として、台北一〇一の足元に、ごく一部を保存して眷村の歴史を展示し、他に文化パーク、商業施設を併設したのが四四南村である。

今ではアート感のある雑貨を並べた店ができたほか、フリーマーケットなどのイベントも実施されている。元々の眷村とは随分雰囲気が違うだろうが、その名称と存在の事実を後世に伝えるだけでも、意味はあるに違いない。

バロック様式の商店街——台北迪化街

台北市の西側には、淡水河が南から北へと流れている。台北駅南側の川べりに広がる萬華と北側の大稲埕《ダーダオチョン》は、台北で最も歴史の古い漢人街で、どちらも船で運ばれてきた品を商って栄えた。そのうち北の大稲埕は、清朝統治下から、高級品だった烏龍茶や樟脳《しょうのう》の貿易で利益を上げて、潤った町である。そうした歴史を反映して、ここには十九世紀に遡る歴史を持つ、迪化《てきか》街《がい》と呼ばれるバロック様式の商店街がある（迪化は中国新疆《しんきょう》ウイグル自治区の首府ウルムチの旧名）。

様々な時代を経て、第二次世界大戦後は布地と乾物の卸問屋街となった迪化街は、今でも旧正月前になると、カラスミなど正月用のご馳走食材を買い出しに訪れる人、人、人で、東京で言えばアメ横のような混雑ぶりとなる。

歩道の上に建物がせり出した迪化街の「亭仔脚」。右側に車道が見える

二階建ての正面上部に、それぞれ優美な飾りを施された赤煉瓦建築の商店街。車道に面した一階部分だけが歩道となっていて、頭上には建物の二階部がせり出した、いわゆる騎楼《きろう》建築だ。歩行者にとっては、雨除けのついたアーケードのようなもので、夏の日除けも兼ねるから、雨が多く暑い台湾では大いに助かる。これは台湾語で「亭仔脚《テンアカー》」と呼ばれ、台湾各地にも東南アジアにも見られる形式だが、大稲埕のメインストリートである迪化街では、近年も行政の補助を受け、修復が施されて美観を保っている。

迪化街が素晴らしいのは、布地屋と乾物屋という古い商売が、現役で生き延びて、地元客と観光客の両方を集めている点だ。

昔風の派手さが、今では逆に可愛く見える客家伝来の花布《はなぬの》や、近くの店で仕立ててもらうこともできるチャイナドレス用の布地。その隣には、大量のキクラゲ、干しエビ、干しシイタケ。クラゲの皮、クラゲの頭、ツバメの巣にフカヒレ、ナマコ。干しマンゴー、干しキウイ、干しトマト、干しアンズ。朝鮮人参をはじめとするさまざまな漢方薬材。くるみ、蓮の実、かぼちゃの種、最近人気のヌガーなど様々な菓子類。昔風の包装が良い味を出すアイスキャンディー。隣には車輪餅こと今川焼き。それに、いったい何だか見当もつかない諸々のものたち。

一方で、近年はデザイン性の高いお土産品もたくさん並び始めている。おそらく、文化創意という概念で推進して来た活動が実を結んでいるのだろう。Tシャツ、帆布《はんぷ》バッグ、絵葉書、マグネット、コーヒーマグ。あるいは、地域関連の書籍や原住民族の工芸品。荒物屋で昔から売られていた籐の籠や木の弁当箱、ビニールの紐で編んだ大中小各サイズの買い物袋などが、日本の雑誌で紹介されて、観光客のお目当てになってもいる。商品の種類はおそろしく豊富だ。台湾風のプリントを施した布で作った筆入れ、ポーチ、ノートパソコンのケースなどは、すでに日本にも輸出されている。

この街が生き残ったのは、一九八〇年代という早い時期から、街並み保存のための努力が重ねられてきたためだという。具体的には、戒厳令解除の翌年に立ち上げられた「我愛迪化街《ウォーアイディーホワジエ》」というプロジェクトである。活動の中心となったのは、東大工学部で研究員として学び、歴史資源マネジメントのNGOを立ち上げた丘如華《チウ・ルウホワ》さんだ。都市整備の観点から迪化街の拡幅が決められたときも、彼女たちは粘り強く当局と交渉してその決定を覆させた。

丘さんによれば、台湾で地元の街並みを守ろうという発想が生まれたのは、一九七〇年代に国連の代表権を中国に奪われて以降だという。それまで国民党独裁下で、台湾人を中国化する教育が進められていたが、国連から放り出されてしまったことにより、台湾独自のアイデンティティを大切にするべきだという思いが人々の心に生じた。

しかし、言論の自由、集会結社の自由がないところでは、どんな活動も安心して行うことができない。戒厳令の解除後、すぐに「我愛迪化街」プロジェクトが動き出したという事実は、台湾人の郷土愛が一気にほとばしり出たためだと考えていいだろう。丘さんたちのNGOはその後台湾各地で街並みや産業遺産の保存に協力し、同時にアメリカやオーストラリア、日本、東南アジアなど各地の活動家や研究者と交流を続けてもいる。

そうした地道な努力の成果として、一九九〇年代以降の台湾では、国、地方各レベルの政府による古蹟指定など様々な仕組みが作られ、古い建物や街並みが次々に保存されるようになった。それは明らかに民主化の成果だ。また、二大政党制が機能してきたことから、市政レベルでも国政レベルでも、選挙のたびにドラマチックな変化が起きて、迅速な進歩につながったように外からは見える。しかし丘さんによれば、政権交代のために政策が執行途中で突然中断されたり、極端な方向に走ってしまうこともあるのだという。

気がつけば台北には、三十年前とは大きく異なる都市が出現してきている。その中には新しいものの建設と同時に、古いものの発見と再生が含まれる。同様な変化は台湾の他の都市でも起きている。変わらぬものを大切にする一方で、ためらわずに変わり続ける台湾社会の本質が、街づくりにも体現されているのだ。

第五章

地名と人名の物語

1　地名の物語

台北の中国地図

二〇〇九年。台湾と中国の間に、史上初めての定期便が飛び始め、中国からの観光客が一挙に台湾へと押し寄せた。すると、台北市内のあちらこちらで、中国人が道路標識とともに写真に収まっているという話が伝わってきた。

いったい何ごとだろうといぶかった台北の人たちが、道路標識をよくよく見てみれば、そこには中国各地の地名が記されているのだった。瀋陽路、長春路、西安街、広州街、重慶路、青島路、天津街……。中国人観光客が、自分の住む町の名がついた道路標識を探し出しては、記念写真を撮っていたのだ。

台北の中心部を東西に横切る通りの名は南京路。なぜなら、一九四五年、日本が台湾から撤退し、その後を中華民国が引き継いだ当時、首都は南京に置かれていたからである。その証拠に、台北には北京路がなく、かわりに北平路がある。首都が北京以外の場所に置かれている時に、都を示す「京」の字を遠慮して、呼ばれる名が北平なのだ。

ところで、一八九五年から半世紀に及んだ日本統治時代、台湾の町々には日本式の地名がつけられていた。台北には、本町、京町、大和町、幸町、旭町、錦町などなどの一丁目、二丁目、三丁目が存在し、明治町、大正町、昭和町、さらには歴代総督の姓からとった樺山町、乃木町、明石町、佐久間町、児玉町などもあった。

そのかわりに、当時、正式な名称を持つ道路は少なく、本町を通る道は本町通り、大和町を通る道は大和町通りなどと呼ばれていた。摂政時代の昭和天皇が訪台した際、台湾接収中に没した北白川宮能久《よしひさ》親王を祀った台湾神宮を参拝するため、通行したことから名前がついた勅使《ちょくし》道路（御成街道）は例外的なケースである。ほかには、総督府に勤める役人が家族とともに住んだ高級住宅地の大正町では、京都さながら、東西の通りに南から北へ向かって、一条通りから九条通りまでの番号をつけて呼んでいたという。その名残で、今でも二条通りの名を冠したコーヒーショップが古い木造家屋で営業している。

ところが、台湾を接収した中国は、古来街路に名称を附す習慣を持つ国だ。終戦直後の一九四五年十一月十七日、早速、「台湾省各県市街道名称改正方法」が発表され、日本時代の地名、特に日本人の名前にもとづくものや、日本の国威発揚にかかわるものを廃止するよう命令が下された。この時点で、台北に六十二あった「〇〇町」はすべて廃止になった。そして、清朝時代の旧街路名が各地で半世紀ぶりに復活した。何のことはない、半世紀に及ぶ日本時代にも、多くの台湾人は旧街路名を使い続けていたということらしい。

それが、翌四七年に再度出された通達で、今度は台北市内の道路名を中国の地名にもとづいて命名し直すことが発表されたのだ。

具体的には、台北市を大きく四つの地区に分け、東北方面には中国東北部の地名を、西北方面には中国西北部の地名を、西南方面には中国西南部の地名を、東南方面には中国東南部の地名をつけることになった。そのため、長春街は台北の東北部に、重慶路は西北部に、昆明街は西南部に、広州街は東南部に置かれて、今日に至っている。

なお、名前に出生地台湾を烙印された外省人作家龍應台は、ベストセラーとなった『台湾海峡一九四九』で、一九四七年の地名付与について、「中国から台湾に来て、当時行政長官公署に勤務していた建築家の鄭定邦《ジョン・ディンバン》が、上海租界内の街路名を参考にして、一つ一つ決めていった」と記している。ちなみに、龍應台同様、名前に「台」の字が入っている人は、大体が台湾生まれの外省人二世である。シャープを買収した鴻海《ホンハイ》精密工業の郭台銘《グオ・タイミン》会長がその一例だ。

さて、台北の街路名は、中国の地名以外にも、いくつかの原理を採用している。

たとえば、中華民国の国父孫文の三民主義（民族主義、民権主義、民生主義）にもとづいて、民族路、民権路、民生路。

さらに、孫文が民族主義の講義中にあげた八つの徳目から、二つずつを組み合わせて、忠孝路、仁愛路、信義路、和平路。

ほかにも、戦勝と復興を記念して新生路、中華路、愛国路、光復路、建国路。

また、孫文の号から中山路。その名から逸仙路。国民党政府の要人名より林森路。同盟国アメリカの大統領名から羅斯福《ルオスーフー》（ルーズベルト）路。かつてはマッカーサー元帥の中国名からつけられた麦帥《マイシュワイ》路もあった。

なお、台湾の都市では、一番のメインストリートを孫文にちなんで中山路、二番目の道路を蔣介石の名から中正路と呼ぶのが定番だ。それを東西に分けて、中山西路、中山東路などと呼ぶ。台北にもかつては中正西路、中正東路があった。しかし、巷間《こうかん》伝え聞くところによれば、市街が発展するにつれ、どんどん伸びていき、中正西路は七段《ブロック》の先に八段を建設する必要が生じた。困ったことに、中正西路はなまって読むと「中正死路（蔣介石死ね）」に聞こえ、「八段《バードワン》」にいたっては中国語の罵り言葉「（王《ワン》）八蛋《バーダン》」に聞こえる恐れすらある。独裁時代のこと、偉大なる領《りょう》袖《しゅう》を罵っていると誤解された日には命が危うい。というわけで、中正西路は誤解をまねかないよう中正路に、中正東路は八つの徳目を指す八徳路に名を変えて、今に至っているという。

台湾地名の訓読みについて

日本から台湾へ向かう飛行機は、台北なら桃園国際空港か松山空港、南部なら高雄空港か台南空港に着陸する。

台北郊外にある桃園国際空港は、かつて蔣介石の本名から中正《ジョンジョン》空港と呼ばれ、英語では「チヤン・カイシェック・エアポート」とアナウンスされていた。それが二〇〇六年、所在地名にちなんで現在の名称に変更されたのである。

当時は陳水扁総統の第一次民進党政権時代で、台湾の固有名詞から中国色と蔣介石の影響を減らす「正名運動（名を正す運動の意）」が進められていた。通常、こうした地名の変更は戦争や革命を契機に実施されることが多いので、国民党の下野は台湾にとって、革命にも似たインパクトを持ったことがわかる。実際、同じ時期に、台湾の小中学生が使用する国定教科書の記述が変更され、中華民国の首都が南京から台北に移った（中華民国憲法には首都の記載はないが、二〇〇二年に行政院長が立法院で、「中華民国の首都は台北にある」と公的に発言した）。

その後、二〇〇八年に国民党が政権を奪還。馬英九総統はそれまで六十年間途絶えていた中国との直接交通を解禁し、台北市内の松山空港に、当初は中台両地を結ぶチャーター便を、翌年には定期便を就航させた。現在では台北松山―上海浦東《プードン》が最短八十二分で結ばれ、台湾の九つの空港から中国の七十四の空港に向けて、直航便が飛んでいる。同時に、かつては国内線専用だった同空港が羽田からの便にも開放されて、日本からの旅行者にとっても利便性が増した（「中国便を国内便扱いしている」と言われないための措置）。

ところで、この松山空港の名は、英語でも中国語でも「ソンシャン」だが、日本人は普通「まつやま」と発音している。南部の高雄を「たかお」と呼ぶのと同様、訓読みなのである。外国の地名は、北京にしろ上海にしろ釜山にしろ、ペキン、シャンハイ、プサンと現地音読みするのが普通だし、重慶、広州のように日本音で読む場合も、「じゅうけい」「こうしゅう」と音読みされる。松山の場合も、台湾現地では、中国語音で「ソンシャン」、台湾語音で「ションサン」、客家音で「チュンサン」と読んでいる。それを日本語では、訓読みしていてよいのかと、違和感を覚える人もいるのではなかろうか。

ややこしいのは、もともと松山も高雄も日本語でつけられた地名だという点である。他に瑞穂、汐止、豊原、岡山、竹山、清水、美濃、竹田、板橋、玉井、舞鶴、吹上なども同様だ。これらはすべて日本統治下の一九二〇年に、行政区画変更に伴って、一挙に名づけられている。当時の認識としては、台湾は下関条約にもとづいて、正式に清国より割譲を受けた日本の領土であり、植民者が故郷の地名を持ち込むことは、アメリカのニューイングランドの例に見られるように、珍しいことではなかったのだろう。むしろ珍しいのは、日本の敗戦によって中華民国に接収されたのちも、漢字表記については、その多くが変更されることなく、現在まで引き続き使用されてきた点である。

植民地時代の命名原理

日本統治時代の命名は、基本的にもとあった地名を日本風に変更したものである。変更にあたっては、美名化、簡略化などいくつかの原則が採られた。美名化の対象となったのは、清朝時代、原住民族語に由来する地名に差別感のある漢字が当てられていた場合だ。

たとえば、「高雄」はもともと原住民族語の地名「タカオ」に「打狗」（犬を打つ）という漢字が当てられていた。そこで、訓読みの音が近い文字として、京都の高雄山から「高雄」の二文字を取ってこれに当てたのである。また、「打狗」と対をなすとみられていた現嘉義県の「打猫」(猫を打つ)も同時に「民雄」と改められた。いずれも美名化であり、文字面だけ見るぶんには、中国語の地名としても支障ない。そのため中華民国統治下にも生き残り、現在では中国語で「カオション」「ミンション」、台湾語で「コーヒョン」「ビンヒョン」、客家語で「コーヒュン」「ミンヒュン」と呼ばれている。ただし、原住民族語の地名に立ち返るという意味では、「タカオ」「タミオ」に分があるともいえ、だとすれば、日本語訓読みの「たかお」「たみお」が悪いとは一概に言えない面もある。

ほかにも「水尾」を「瑞穂」に、「弥濃」を「美濃」に、「鹹菜《かんさい》」を「関西」に変更したのは、日本語の近似音による美名化とみなすことができる。それに対し、「水返脚」から「汐止」への変更は発音を無視した意訳であり、「枋橋」から「板橋」へ、「三角湧」から「三峡」への変更については、日本人にとってのなじみやすさが優先されたものと見える。

簡略化の場合は、三文字の地名を二文字に整理した事例が多く、「桃仔園」は「桃園」に、「山仔頂」は「山上」に変更された。「牛罵頭」を「清水」に、「葫蘆墩」を「豊原」に、「林圯埔」を「竹山」に、「阿公店」を「岡山」に変更した例などは、まったく恣意的な日本化と言わざるを得ないが、美名化の目的は果たしている。台湾島最南端の恒春半島で、原住民族語の地名に漢字を当てた「蚊蟀」が、日本人の耳には近く聞こえる「満州」に変えられたのは、より一歩進んだ「(大日本)帝国化」とでも言おうか。

東海岸の花蓮は、清朝時代まで、主に原住民族が暮らす土地で、漢人の入植は少なかった。そのためこの地域には、日本から農業開拓民が送り込まれた。彼らの多くは四国徳島の出身者だったことから、現地を流れる「七脚川」は四国の河川にちなみ「吉野川」と改名された。他にも「烏雅立」が「鶴岡」に、「猫公」が「豊浜」に変更された。戦後、「吉野」は「吉安」に再変更されたが、今日最も多く日本式地名が残存しているのはこの地域である。

他方、澎湖《ポンフー》諸島の旧「媽宮」が「馬公」に改められたままになっているのは、旧名が台湾で人気の高い海の女神媽祖を祀るお宮から取られていただけに、いたって評判が悪い。澎湖育ちで、台湾の地名について本を著している陸傳傑《ルー・フージエ》は、序文を「自分に属する地名を渇望する」と題して、「正名」の必要性を訴えている。

日本式地名の戦後

台北の道路名で見たように、日本の敗戦後、台湾を接収した中華民国の台湾省行政公署は、当初、日本色の濃い地名を早々に廃止するよう命令を下していた。そこには、必ず改正すべき名称として、「日本の人名や国威発揚に関わる言葉」(例えば明治、乃木、大和、朝日)だけでなく、「明らかに日本名であるもの」として、「梅ヶ枝町、若松町、旭町」なども例に挙げられていた。つまり、国民党政権には、もともと地名を変更するつもりはあったのである。

けれども、実際には台湾各地に日本時代の地名が残ったまま今日に至っている。

その背景としては、やはり中国大陸での内戦で国民党が共産党に敗れ、最終的に中国全土の面積の一パーセントにも満たない台湾島への全面退却を余儀なくされたことが大きい。島の住民多数とは、祖先を同じくする漢民族同士とはいえ、互いに言葉も満足に通じなかった。そして人数で上回る台湾本省人を力で押さえつけるために施行された戒厳令は、実に三十八年の長きに及んだ。この間、ジョージ・オーウェルの『１９８４』さながら、国民党政権は現実には不可能な「大陸反攻」というスローガンを掲げ続け、台湾の小中学生に、彼らの日常とはかけ離れた中国の歴史や地理を教えた。台湾の時間は、ある意味止まったままだったのである。

日本統治時代に建設された建物の場合と同じように、日本式地名もまた、戦後初期から意図して保存されたものではなく、国民党政権の不作為により、長い間放置され続けた結果、歴史の偶然として、生き残ったものである。

さらに不思議なことには、日本人が敗戦で引き上げた後も、台北から遠く離れた南部や東海岸で、地名の日本化が引き続き進行したことが、近年、台湾国立中山大学社会学部葉高華《イエ・ガオホワ》准教授の研究により明らかになっている。複数の事例の共通点は、もともと原住民族の居住地域で、漢人との接触が少なかったために、日本統治時代まで地名に漢字が当てられず、地図上ではカタカナ表記となっていたことである。それが戦後のある時期、漢字表記に変更されるのだが、その際の文字の選択が、どう考えても日本語の訓読みに拠《よ》っていたというものだ。

たとえば、屏東県《ピンドン》のカスガ社は春日郷に変わった。同県三地門《サンディーメン》郷のアオバ社は青葉村になった。新竹県尖石《ジェンシー》郷のタバホ社は今では田埔と表記される。高雄市桃源区のタマホ社からは、玉穂渓、玉穂温泉という地名が生まれている。花蓮のタッキリ渓は立霧渓に変わった。こうした変化は、日本による五十年の統治期間中に、日本語教育を受け、日本語の読み書きが血肉化した人々によって、おそらくは無意識にもたらされたものと想像される（以上、葉高華「民国時代創造的日式地名」による）。

一方、日本人が残した漢字をもとに根づいた地名もある。日本統治時代の酒造工場跡がアートスペースに生まれ変わった台北の華山《ホワシャン》一九一四文創園区は、かつて近くに、初代台湾総督樺山《かばやま》資紀《すけのり》を記念する樺山貨物駅があったことにちなんで命名された。樺山資紀は白洲次郎の妻で随筆家として知られた白洲正子の祖父である。樺山駅は戦後「日本人の名にちなむ地名を残さない」という行政公署の指示に従い、木偏を取って、華山駅と改名された。そして駅が一九八六年に廃止された後も、地名として生き残っている。

日台同名の鉄道駅

近年、台湾は日本の鉄道ファンからも注目されている。その理由の一つとして、日本と台湾で同名の鉄道駅が三十二も存在することが挙げられる。

松山、板橋、桃園、富岡、豊富、豊原、大山、日南、清水、追分、大村、田中、水上、新市、大橋、岡山、大里、亀山、中里、新城、平和、豊田、南平、大富、瑞穂、池上、関山、竹田、東海、竹中、横山、富貴。

これらの名称は、台湾側では、ほとんどが一九二〇年、行政区画変更時の一斉命名である。ただし、「大和」から駅名変更された「大富」と、「林田」から変更された「南平」については、戦後の変更後に同名の駅が日本で見つかっている。

駅名は地名からつけられることが多いため、しばしば日本人の苗字とも共通する。松山、富岡、大山、清水、大村、田中、大橋、竹田などの苗字を持つ日本人が、台湾の鉄道駅で看板とともに記念写真に収まっても不思議はない。ちょうど台北の街頭で、中国からの旅行者が故郷の地名と同じ道路標識を見つけて、記念写真を撮るように。

ちなみに漢人の姓は、基本的に一文字、まれに二文字で、俗に「百姓」と言われるように種類が限られており、中国全体では李、王、張が三大姓とされる。台湾には南中国の出身者が多いため、分布に偏りがあり、一番多いのは陳姓で、二三〇〇万の総人口のうち一割以上の二五〇万を占めるという。第二位は林姓、以下、黄、張、李、王、呉、劉、蔡、楊と続き、二十位までに総人口の七割が含まれる。多くがそもそも場所の名から取られている日本人の苗字のように駅名と重なることは、ほぼ考えられない。

さて、互いの観光客誘致に有利とあって、台湾の台東線関山駅と日本のえちごトキめき鉄道関山駅、台北松山駅と愛媛県松山駅など、姉妹関係の締結が進んでいる。台湾の鉄道駅と同じ苗字を持つ日本人三十二人を台湾に招くキャンペーンも、台湾観光協会により実施された。仲良きことは美しき哉《かな》。だが、その上で歴史を振り返るならば、もし終戦当時の台湾省行政公署による指示が徹底していたならば、これほど多くの日本式地名・駅名が台湾にそのまま残ることはなかっただろう。

台湾に戒厳令の敷かれていた三十八年の間、小中学校で台湾の地理や歴史を教えることはなかった。そのため、中国の河川名や鉄道路線には詳しくても、地元の川の名前や建物の由来は知らないという事態が頻繁に起きた。

「総統府、総統府と教えられたけれど、もとはといえば、日本人が建てた総督府だったんじゃないの。驚いた！」という話もよく聞く。

その反動のようにして、二十一世紀に入った頃から、植民地時代の歴史地図やエピソードを盛り込んだ書籍がたくさん出版されるようになった。歴史教育の空白が背景にあり、ブームが生まれているのだ。

日台共通の地名や駅名が、決して偶然の賜物ではなく、一九二〇年の台湾総督府による行政区域調整に伴う一斉改名の結果だという事実は、日本だけでなく台湾でも、広く知られてはいない。たとえば、高雄市美濃区と岐阜県美濃市は、二〇一二年に姉妹都市関係を締結した。その際、同名であることの他に伝統文化の継承など共通点が挙げられたが、弥濃が美濃に改名された経緯はほぼ語られなかった。そのため「同じ名前を持つ場所にロマンを感じて岐阜県美濃市を訪れた」

台湾鉄道田中駅の駅名標

式の旅行記が散見される。

また、二〇一八年に彰化県の台湾鉄道田中駅と長野県のしなの鉄道田中駅が提携した際にも、台湾の田中駅が一九〇五年に田中央駅として開業し、二〇年に田中駅と改名したという事実は報じられても、その背景は説明されなかった。そして片方が「日本に一四〇万人いるという田中さんにぜひ台湾田中駅を訪れてほしい」というＰＲをすれば、片方は「長野の田中駅近くには、やはり台湾に同名駅のある追分駅もあります」と返すという具合だ。

双方ともあえて歴史をひもとかないということだろうか。両者の合意で進められる交流関係に、第三者が口を挟むのは野暮というものであろう。ただし、台湾人で、かつて日本による植民統治を受けたことを知らないという人に会ったことはない。しかし、その反対の経験はいくらでもある。そのことだけは明記しておきたい。

2　台湾原住民族のたたかい

日本統治時代の「改姓名」

日本統治時代、台湾では地名が日本風に変えられただけでなく、人の名前も日本化された時期があった。日中戦争から太平洋戦争に至る時期の一九四〇年に、「改姓名」制度が設けられた。それは神武天皇から数えて「紀元二千六百年」を奉祝するという、歴史の神話化が国家的に進められた年だった。戦争のために国民を総動員する一貫として、台湾では皇民化運動が実施され、家でも日本語を話す「国語家庭」を広めるとともに、名前も日本風に変更して、「天皇の赤子《せきし》」により一歩近づけようというわけだった。

しかしながら、朝鮮半島で「創氏改名」が広範囲に強制されたのとは異なり、台湾の「改姓名」は許可制をとり、社会階層の高い家庭から申請を促されたり、公務員が集団で届け出たりしている。全体数についての確かな統計は見当たらないが、そのように正式に届出をした家族は一割に満たなかったようだ。

その一方で、現実には、「改姓名」制度が定められる以前の一九三〇年代から、生まれた子どもを日本式に命名することが地元の役所により奨励されたり、学校の教師が呼び名として生徒に日本名をつけることが行われていた。そのため、当時日常生活で日本名を使っていた割合は一割以上であったと思われる。

ただし、正式に「改姓名」すると食料の配給内容や子どもの進学条件が有利になったといわれ、実際名門校の台湾人生徒名を調べると、社会全体よりもずっと高い比率で日本名を使用している。

　太平洋戦争が始まると、志願あるいは徴兵によって日本軍に属した場合、また高座海軍工廠の少年工たちのように、軍のために働いた場合も、日本名を名乗ることが求められるようになった。「二十二歳まで日本人だった」が口癖の李登輝元総統は、京都帝大農学部在学中に岩里政男と改姓名を行い、一九四四年に学徒動員で出征している。

　台湾原住民族は、台湾社会における少数派であることから、外来政権に影響されやすい立場にあり、日本統治下では全員が日本名を持っていた。原住民居住地では日本人警官が学校の教師を兼ね、また頭目の娘を妻とすることで、頭目家の権威をかさにきることも頻繁に見られるなど、強い影響力を行使し得たのである。

　その結果、一九三一年に台湾を代表して甲子園に出場し、映画『ＫＡＮＯ』（馬志翔《マー・ジーシアン》監督、二〇一四年）にも描かれた嘉義農林学校チームの場合、先発出場選手九人中に四人の原住民族生徒がいたが、いずれも東和一（アミ族）、真山卯一（アミ族）、上松耕一（ピュマ族）、平野保郎（アミ族）と日本名を名乗っている。また、その前年に起きた台湾原住民族による蜂起と日本軍による鎮圧の霧《む》社《しゃ》事件（映画『セデック・バレ』（魏徳聖《ウエイ・ドーション》監督、二〇一一年）に詳しく描かれている）で、両者間の葛藤により自殺した二人の原住民族警察官の名が花岡一郎、花岡二郎（同じ苗字だが血縁なし）だったこともよく知られている。

『サヨンの鐘』

太平洋戦争下、台湾原住民族は、山岳地帯での活動に慣れていることや、オーストロネシア語族の言葉を話すためフィリピン、蘭領インドシナ（現インドネシア）などの地元民とある程度のコミュニケーションが可能とされたことから、南方での戦闘に協力を求められた。その結果、約四〇〇〇人が高砂義勇隊員としてフィリピン、ニューギニア島などに出征、三〇〇〇人以上が命を落としたといわれる。立派な日本人となることは、戦時下にあっては立派に死ぬことを意味したのである。そして彼らを戦場に赴かせるために行われた宣伝活動の一つに『サヨンの鐘』があった。

一九三八年、台湾東海岸蘇澳《スーアオ》の山岳部で、サヨンという名の原住民タイヤル族の少女が川に転落して死亡する事故が起きた。山地の警官で蕃童《ばんどう》教育所の教師も兼ねていた日本人が召集令状を受け取り、荷物をまとめて山を降りる途中、教師の荷物を運んでいた少女が丸木橋から足を滑らせて渓流に落ち、行方不明になったのだ。

この事件は、総督府当局によって美談として喧伝され、現場近くに顕彰のための鐘と記念碑が建てられ、メディアも大きく取り上げた。そして一九四一年、古賀政男作曲、西條八十《やそ》作詞で『サヨンの鐘』というタイトルの歌謡曲が作られ、渡辺はま子が歌って大ヒットする。さらに二年後には、清水宏監督による松竹映画『サヨンの鐘』も製作され、当時満州映画協会に中国人女優として所属していた李香蘭《りこうらん》（のちの女優山口淑子《よしこ》、参議院議員大鷹淑子）が主人公を演じたのである。

それまで台湾原住民族は、日本による領有初期に討伐の対象としてニュース映画に映し出されたのを除けば、銀幕上に自分たちの姿を見る機会はほぼなかった。映し出されることがあれば、いつも日本の側から見た野蛮な、あるいは文明化されつつある他者として描かれた。それが突然、大日本帝国の隅々にまでその名が轟き渡った有名女優が、台湾原住民族の少女を顕彰し、演じるため、台湾東海岸の山地に姿を現したのである。そして劇中、朗々と主題歌を歌ったばかりか、台湾漢人や原住民族に参軍を促すために作られた『台湾軍の歌』まで歌った。

映画『サヨンの鐘』の一場面（左端が李香蘭）

日本人の両親の間に、中国で生まれ育った山口淑子は、「日満親善」の化身として「日本語の流暢な満州娘」を探していた大人たちの都合により、李香蘭として売り出された。宣伝通り「日本語の流暢な満州の少女」など現実には存在しなかったため、日本人少女に銀幕の外で「満州の少女」を演じさせたのである。李香蘭の名は、父の友人である中国人と義理の親子関係を結んだときにつけられた名前だったが、本人は日本人だった。にもかかわらず、作品中だけでなく、製作現場でも記者会見でも、中国人としてふるまった。終戦直後は中国で漢奸《かんかん》（売国奴）として裁判にかけられたが、日本の戸籍謄本を証拠として提出することで、罰を免れた。どこまでが本人の意思による行為だったかはわからないが、何重にも虚偽をはたらき、人々を裏切ったことは間違いない。

　こうした経緯は、戦後、日本国内ではメディアを通じて公にされ、近年も劇団四季によるミュージカル『李香蘭』で語りつがれている。しかし、戦後日本から切り離された台湾では、真実が広く伝わらないままに月日が過ぎた。その間、台湾原住民族が数十年に渡り、日本語歌謡『サヨンの鐘』を自分たちの歌として歌いついだようすは、映画『練習曲』（陳懐恩《チエン・ホワイエン》監督、二〇〇七年）でも見ることができる。また、かつて総督府から贈られた鐘が、復元されて再び観光スポットになっている様子も、作品中に映し出されている。終戦時まで日本の一部だった台湾では、戦後も（日本語による）歴史が書き換えられないまま今日に至っている面がある。『サヨンの鐘』は、日本ではとうの昔に忘れ去られた物語が、台湾では生き続けた一例である。

高砂族から台湾原住民族へ

　ところで、台湾原住民族という表現に抵抗を感じる日本人は少なくないと思う。日本では、「原住民」は差別語だとして「先住民」に言い換えた経緯があるからだ。しかし台湾では、一九八〇年代から十年以上の時間をかけて、差別感の強い「山胞」（山地同胞の略）という名称を「原住民族」に変えさせた歴史がある。

当初、国民党政権の側には、名称変更が土地所有権訴訟や独立運動に発展しかねないという懸念があった。そのため、代案としていくつか出された中に、「先住民」や「早住民」も含まれていた。しかし原住民族の側としては、「先住民」や「早住民」では「漢人より早くから住み着いていた」という過去が記述されるのみで、元々の居住者としての権利拡大にはつながらない恐れがあるとして拒否。二度の憲法改正をへて、ようやく一九九七年に「原住民族」という名称が中華民国憲法に書き込まれた。中国語の「先住民」という用語には「すでに滅びた」というニュアンスがあるため台湾では忌避された、と日本では説明されることが多いが、実のところ「先住民」は長年の交渉過程で明確に否定された語なのである。

台湾原住民族が話題に上ると、「それって昔、高砂《たかさご》族と呼ばれていた人たちだよね」と聞き返されることがある。確かに、日本統治時代末期、特に一九三五年の台北博覧会以降、日本人は台湾原住民族を「高砂族」と呼んでいた。

従来、漢人は台湾原住民族を「番」と称し、同化が進んだ平地の「番」を「熟番」、山地で狩猟生活を続けた「番」を「生番」、その間にある人たちを「化番」と呼んでいた。日本統治時代に入ると「番」が「蕃人《ばんじん》」に、「熟番」が「熟蕃《じゅくばん》」に、「生番」が「生蕃《せいばん》」に、「化番」が「化《か》蕃《ばん》」に呼び変えられた（「番」と「蕃」はどちらも「異民族」を指すが、日本語には「番をする」という用法があるため、「番人」と「蕃人」を区別するため、草冠が付け加えられたようだ）。それを「高砂族」と改名したのは、昭和天皇あるいは他の皇族が台湾を訪問した際に指示したのだと伝えられているが、あらゆる吉事は皇室の思し召しと言われた時代のことだけに、詳細は不明だ。

日本人が台湾を高砂と呼ぶこと自体は、一六一五年の朱印状に「高砂国」との表記があり、江戸時代にはかなり一般的だったと見られる。ヨーロッパ人の記録だと、台湾はフォルモサ、タイオワン、タカサングなどと呼ばれ、中国の史書には小琉球、東番、大員、台湾等とある。文字表記として「高砂」を使用したのは日本人だけである。一部の現地人及びヨーロッパ人が使用していた「タカサング」という音に日本側で当てた文字が「高砂」だったのだろう。正月の掛け軸に定番のようにして見られる翁嫗《おきなおうな》の絵が「高砂」であり、吉祥の意味を持つことは間違いない。

現在台湾の人口の二パーセント、五十数万人を擁する台湾原住民族だが、日本による領有後、柳田國男の同郷の友人であった人類学者伊能《いのう》嘉矩《かのり》らの言語調査を通じて「平埔族《へいほ》（熟蕃）」十族、「高山族《こうざん》（生蕃）」九族に分類された。中華民国による接収後は、「平埔族」を指して「平地山胞」、高山族を指して「高地山胞」という呼び名が使用され、前者はすでに漢人に同化して消滅したと言われるようになった。

ところが、中華民国憲法に「台湾原住民族」の存在が書き込まれると、それまで日本人、漢人によって押しつけられてきた部族名を正し、部族間の線引きについても改める要求が相次いで出されるようになった。その結果、二十世紀末まで計九族とされていた原住民族が、二〇一八年現在、中央政府に認定されているだけで十六族にまで増えている。そして、その中には、かつては絶滅したと言われた平埔族のうち、宜蘭県を中心に人口一五〇〇ほどを擁するクバラン族、南投《ナントウ》県のサオ族（約八〇〇人）も含まれている。他の平埔族も、台南のシラヤ族は市政府による認定を、花蓮県のタイボアン族と屏東県のマカタオ族は地元役場による認定を受け、他に七つの族群が認定を申請中だ。こうした流れの中で、一度は消滅したと言われた平埔族の言語を復活させる動きも出ている。

個人名の変遷

続く第三段階では、個人の名前を原住民族語に戻すこと、また山河の名称を正すことが要求されるようになった。前述のように、五十年におよぶ日本統治が終わる頃には、台湾原住民族のほぼ全員が日本式に改名していたが、中華民国時代になると、今度は漢民族式の姓名をつけることが強制された。しかし、改名手続きが拙速に行われたため、同一家族にばらばらの姓がつけられるなど混乱を極めた。そのため、再び「改姓名」する手続きも定められたが、一九九五年からは原住民族語の名前であっても、漢字表記にすれば届け出が可能になった。そして現在では、姓名のローマ字表記も認められるようになっている。

結果的に、二十世紀の台湾原住民族の場合、一生の間に二度、三度名前が変わった人も珍しくはなかった。外来政権による命名に振り回された一例として、アミ族出身の元高砂義勇隊員スニヨンの場合を挙げる。

彼は一九一九年、現在の台東県に生まれ、アミ族名はスニヨンといった。しかし中村輝夫という日本名をつけられ、四三年、台湾歩兵第一連隊に入営した。四四年七月、現インドネシアのモロタイ島に上陸し、四五年八月の終戦後も同島のジャングルに潜伏し続けた。発見されたのは約三十年後の七四年十二月。ジャカルタ日本大使館の防衛駐在官が現地に飛んで面接したところ、日本語で氏名や所属部隊名を答えたという。翌七五年一月台湾に帰還したが、法律上の姓名は本人の知らぬ間に、漢族風の李光輝と変更され、中国語がわからないために記者の質問に答えることもできなかった。当時の台湾は日本が中国と国交を結んで中華民国と断交したことから、反日機運が最も強い時期で、旧日本軍人は逆賊と見なされる雰囲気があったという。花蓮のアミ族文化村で、ジャングル暮らしを再現してみせるなどしていたが、一九七九年、肺がんにより五十九歳で死去した。

台湾原住民族は、日本名の普及度合いからも見て取れるように、日本統治時代には文化的にも日本化がかなり進んでいた。ところが戦後になると、今度は蔣介石夫妻がクリスチャンだったことも影響し、欧米出身の宣教師たちが山地で熱心に布教活動を行うようになった。その結果、一時はほとんどの原住民がクリスチャンとなったほどである。ところが、近年、原住民族文化が再評価される中、伝統的な豊年祭などを復活しようという動きが盛んになると、キリスト教会による干渉が問題視される事態も起きている。多重植民の歴史を反映して、台湾原住民族のアイデンティティを求める旅は容易に終着点を見出せていない。

3 「正名運動」の行方

民進党による改革

台湾の「正名運動」とは、論語中の「名不正則言不順（名正しからざれば、則ち言順わず）」に範を得て「誤った名称を訂正する」という意味である。「正名」の要求は、最初原住民族から漢人政権に対して出され、次いで台湾本省人を代表する民進党が中国国民党の権威に挑む形で進行してきた。

台湾原住民族による憲法改正の要求が実現した一九九七年は、李登輝が史上初の直接選挙によって総統に再選された翌年であり、台湾の民主化が大きく前進した年でもあった。それまでとは全く異なる中学校の歴史教科書『認識台湾（台湾を知る）』が導入されたのも、同じ九七年であったのは、決して偶然ではない。

半世紀近くに及んだ国民党独裁下、原住民族を含む台湾人を中国人として教育してきた流れがこの年を境にして変わり、台湾を足場に世界を展望しようとする「本土意識」が広く社会全体に浸透し始めたのだ。そして「本土」としての台湾の住民には、当然のこととして原住民族が含まれると人々は考えるようになった。

民進党陳水扁政権下の二〇〇三年、中華民国パスポートの表紙に、従来の英語表記「REPUBLIC OF CHINA」に加え、「TAIWAN」と書き入れられた。海外旅行先で、通関時に生じる誤解を減らすという具体的な理由があったが、現実に「TAIWAN」という名称が広く認識されていることを示したとも言える。同時に、中華民国の地図から中国大陸が消し去られ、「中華民国＝台湾」という現実がようやく公的に受け入れられるようになった。

中国共産党政権との関係上、台湾側の政権は、国民党はもとより民進党も、国名としての中華民国は維持している（そうでないと、独立と見なされ、戦争が始まりかねない）。しかし、台湾海峡を挟んだ二つの政権が、どちらも中国全体を統治していると主張し、対立する局面は、この時点で終了したのである。リアルポリティクスの観点から言えば、共産党、国民党、民進党のうち、国民党が実質的に敗北したということだ。

この後、国民党の採り得る道は、共産党の軍門に下るか、あるいは民進党との妥協点を探るしかなくなった。そうなると逆に、共産党にとって国民党の利用価値が増してくる。台湾で独立に反対して「統一中国」を志向し、共産党との融和を図ろうとするのは国民党なのだから。

二〇〇七年、民進党の陳水扁政権は台北の中正記念堂を台湾民主記念館と改名した。また、入り口の横額に蔣介石の本名「中正」を織り込んで崇拝の念を表していた「大中至正」の四文字を「自由広場」に変更した。続く国民党馬英九政権下で、建物の名称は再び中正記念堂に戻されたが、「自由広場」の四文字はそのまま残っている。

「台北」の名が変わるとき

台湾の「正名運動」において原住民族の存在が持つ意味合いの大きさをよく示しているのが、総統府前の大通り名が、蔣介石にちなむ「介寿《ジエシヨウ》路」から、かつてこの地に暮らしていた平埔族の名に変更された「凱達格蘭《ケタガラン》大道」である。これがきっかけとなって、台南にはやはり平埔族の名から「西拉雅《シラヤ》路」が、台東では頭目の名からとった「馬亨亨《マホンホン》大道」が誕生している。

当初、「凱達格蘭」は、多くの台湾人にとっても初耳と言える固有名詞だったが、その後歴史研究が進むにつれ、実のところ「凱達格蘭」は、清朝時代から日本統治初期までの地図に見える「大加蚋《トウアカーラ》」と同じ地名を異なる漢字で表記したものであることが判明した（はじめにつくK音は、英語のtheに当たる定冠詞のため、後者では省略されている）。日本による領有後も、行政区域が分割されるまで、現在の台北市と同じほどの大きさを含む地域が「大加蚋堡《トウアカーラほ》」と呼ばれていたのだ。

実のところ、台北という地名は、一八七四年の台湾出兵（牡《ぼ》丹社《たんしゃ》事件）後、日本による侵略を警戒した清朝が、台湾島の北部に防衛のための築城と首府移転を計画した際に生まれた、新しい地名なのだ。城壁で囲んだ町を建設し、これを台北《タイペイ》城と呼ぶことになった。

淡水河の東側、萬華と大稲埕という二つの漢人街の真ん中に建設用地を確保して、中国の伝統にのっとり、南北の子午線に東西方向の道路を垂直に交差させた碁盤状の道が敷かれた。ところが、いよいよ城壁を立ち上げようというところで、風水師から「北の守りをより強固にするために、中軸線の指す向きを北東にある七星山に合わせよ」と修正意見が出された。そのため、東西南北の城壁は東方向に十三度傾けて建設することになったのである。残念ながら、一八八四年に城壁が完成して十一年後、下関条約による台湾の日本への割譲が決まると、日本軍は台北に無血入城を果たし、一九〇五年の市区改正では、城壁もお堀も破壊してしまった。

現台北駅の南西に建築された台北城は、西門こそ旧城外の西門町《シーメンディン》に名を残すのみとなったが、東門、小南門、北門は現存し、東西南北の城壁跡はそれぞれ中山路、中華路、愛国路、忠孝路となっている。一辺一キロほどの、今見ると小さな城市で、面積は現台北市の一パーセントにも満たない。日本統治期から第二次世界大戦後まで、この地域は城《じょう》中《ちゅう》区と呼ばれていたが、一九九〇年、中正区に組み込まれた。

建設時に風水師が指示した十三度の傾きも、今日まで維持されている。そのため各所に不思議なY字路が出現する旧城の南半分には、総統府や各省庁、最高裁

総統府前の「凱達格蘭大道」標識

判所などが立ち並び、いわば台北の霞が関、通称「博愛特区《ボーアイトーチユー》」を形成している。ここはまた、軍事管制区域でもあり、そこに含まれる名門台北第一女子高は、制服が軍服を思わせる緑色だ。愛称は「小緑緑《シアオリユーリユー》」とキュートだが、元の制服が白だったのを、敵の空爆目標になりやすいと、周囲の樹木に紛れるよう迷彩目的で深緑に変更した経緯がある。ちなみにエドワード・ヤン監督の映画『ヤンヤン　夏の想い出』で、ヤンヤンの姉、ティンティンがいつも着ている制服が「小緑緑」である。

ことほどさように台北城は、十九世紀末以降、清朝、日本、中華民国、そして仮想敵たる中華人民共和国と、歴代外来政権間のつばぜり合いの焦点となってきた。しかし、その前の時代に立ちかえれば、周辺部を含めて「大加蚋」と呼ばれていた期間の方がずっと長いのだ。そのため研究者によっては、いっそのこと台北市全体を「凱達格蘭市」あるいは「大加蚋市」に変更したらどうかと提案している。

ありえない話ではない。

第六章

台湾と中国の物語

1　台湾をめぐる複雑な歴史

大航海時代に始まる台湾史

一九九七年に初めて学校教育に導入された中学生向け教科書『認識台湾（台湾を知る）』は、いくつもの点で衝撃的だった。

それまで中国史の一部としてしか取り上げられてこなかった台湾の歴史が、独立した一冊の教科書になったこと自体、特筆に値することはいうまでもない。

加えて、全十一章のうち、第一章が序論、第二章が先史時代で、第三章は国際競争期と銘打たれて、中国人や日本人の海賊、倭寇が活動した十六世紀から、オランダ、スペインの船がやってきた十七世紀にかけての話が語られていた。つまり、この教科書によれば、台湾の歴史は大航海時代に始まるのである。副読本として出版された『台湾史小事典』の日本語版（初版）でも、全三百十九ページのうち十三ページ目に、台湾付近にやってきたポルトガルの航海者が、「台湾島を『フォルモサ（麗しい島）』と呼んだ」という記述が現れる。

中国四〇〇〇年の歴史に慣れていた人々は、大航海時代に始まる歴史に目をむいた。しかし、歴史とは、その定義からして、文字で書かれた記録を研究する学問である。文字のない人間社会について研究するのは、考古学や人類学など別の学問なのだ。

台湾原住民族は文字を持たない人々だった。それは彼らが独自の文化を持たなかったという意味ではない。神話も、歌も、踊りも、美術も建築術も持っていた。しかし、文字によって歴史を記すことはなかった。では台湾という場所で、意志を持って記録を残した最初の人々は誰かというと、答えはオランダ東インド会社であった。

台南の国立台湾文学館で、最も古い史料として、オランダ語の業務日誌が展示されているのを見たときの驚きはちょっと忘れられない。そのすぐそばには、台湾原住民諸族の子守唄を聞くことができるヘッドフォンが並んではいた。文字のない原住民族文化についての展示としては秀逸だと言える。しかし、本来の展示物が並ぶ壁際のケースを見ていくと、くだんの業務日誌の次に来るのは、オランダ人と原住民族が交わした土地売買契約書や、原住民族語に翻訳され、アルファベットで表記された聖書なのだ。オランダ人が台湾原住民族に比べて圧倒的に優勢だったことが見て取れる。上陸したばかりの外国人が、容易に土地を獲得し、新たな信仰を広めていったのだから。

『認識台湾』

それにしても、これらの資料を台湾文学作品と呼べるのだろうか。いや、普通ならとても文学作品とは言えないものを

台南文学館

あえて展示したところに、この文学館の方針が示されているのである。

中国史から切り離された台湾史は、台湾という土地を主人公とし、その場所で書かれた史料をもとに語られる。言語の種類は問われない。その結果、例えば日本史であれば、時の政権の所在地によって、奈良時代、平安時代、鎌倉時代、室町時代と進むところ、台湾史は統治者が誰だったかによって、オランダ時代、鄭氏政権時代、清朝時代、日本統治時代、中華民国時代と区分される。そして、それらの統治者たちはすべて、他の場所から、自分たちの利益のためにやって来た植民者だった。

以前、台湾から日本に来た留学生が、「台湾人は昔オランダ人でした。また、ある時期、台湾人は日本人でした」と話すのを聞いて、つくづく不思議に感じたことがある。だが、歴史を見る視座を、中国史の持つ中原（中国大陸の中央部）史観から一度解き放ち、台湾という場所に据え直そうとするとき、思考のそのような切り替えが必要だったのだろう。

『認識台湾』が出版されて少したった頃、台湾のジャーナリストたちが、英語で自分たちを指して呼ぶ言葉が、以前の「we Chinese」から「we Taiwanese」に変わった。その瞬間を私ははっきり覚えている。

台湾民主国

台湾史が登場したことで、それまで知られていなかった歴史上のエピソードが広く語られるようになった。例えば、青地に黄色い虎を描いた旗を持つ台湾民主国の存在についてである。

一八九五年、日清戦争の末結ばれた下関条約で、台湾は清国から日本に割譲された。戦争は朝鮮の帰属を巡る争いであり、戦闘は朝鮮半島から中国東北部にかけて展開された。それなのに、遠い南の海に浮かぶ台湾の統治権が、清国から日本に移されたのである。

台湾民主国国旗

台湾に住む人々にとっては寝耳に水の話だった。地元の有力者たちは、日本による接収を防ぐため、急遽清国の台湾駐在官僚を担いで台湾民主国の建国を決定。アジアではそれまでに例のなかった共和制を採って、政府組織を打ち立て、国旗も定められた。郵便切手も発行している。欧州列強に日本への干渉を促すため、清朝側が講じた方便だったという見方もあるが、台湾民主国宣言を発表して、「台湾同胞は、倭（日本）に服するよりは戦死を選ぶ」と述べている。

それまで、台湾の原住民族と中国から移住して来た漢人は、長期にわたり敵対関係にあった。漢人の中でも、福建省から来て閩南語（現台湾語）を話す人々と、広東省から来て客家語を話す人々の間では、しばしば械闘《かいとう》と呼ばれる武力衝突が起きてもいた。それどころか、同じ福建省の出身者間でも、泉州《せんしゅう》人と漳州《しょうしゅう》人の間には対立関係があり、さらに泉州人は泉州人、漳州人は漳州人の中でまた対立があるという状態だった。

こうした状況から「三年一小反、五年一大乱（三年に一度は小さな反乱、五年に一度は大きな反乱が起きる）」と呼ばれていた台湾で、史上はじめて、故郷防衛のため、同胞たちが力を合わせるという意識が表明されたのが、民主国宣言だったのである。広がりの程度を正確に把握することは難しいが、原住民族も漢人たちと一緒に戦ったことは、写真にも残されている。

中国北部の戦場から直接台湾へとまわってきた日本軍との戦いは、その年の干支から乙未《いつび》戦争と呼ばれる。近代的装備の日本軍を旧来の武器で迎え撃った台湾側の死者は民間人を除いても一万四〇〇〇人と、日清戦争統計の死者の半数に上ったから、抵抗の広がりと激しさが想像される。日本軍の死者は九割以上がマラリアによる戦病死で、計五〇〇〇人弱。約五か月に及んだ戦闘の末、一八九五年十月、台南城の陥落により台湾民主国は滅亡した。

数か月しか存在しなかった台湾民主国について語られることは少ない。しかし台湾と中国、あるいは日本との関係を考えるとき、その存在は案外重要である。なぜなら、日本への割譲が決まったとき、台湾の人々はまず共和国を打ち立てて清朝から独立した上で、欧米列強に助けを求め、日本と交渉しようと考えたからである。清朝の側は、日本のさらなる攻撃を避けるため、台湾民主国とは一線を画す姿勢を明確にしていた。

台湾の人々は、自分たちの頭越しに条約を結んだ清朝と日本の両者に対して背を向けた。そして、その過程で「台湾同胞」という意識を持ち始めた。もともと清朝が満州族による異民族政権で漢族には抑圧的な政策をとっていたこともあり、この後、台湾の側に、故郷の山河や文化、歴史はともかくとして、清朝に対する愛慕や郷愁の念などは感じられない。むしろ、自分たちの利益を守るために、台湾を捨て石にしたのだという恨みが語られる。その点、十数年後にやはり大日本帝国にのみ込まれることになる朝鮮の人々が、自民族の王朝が潰される悲劇を目の当たりにしたのとは、大いに事情が異なる。現在まで台湾と韓国で対日感情に差が見られる理由のひとつに数えられるだろう。

三つの中国

中国の歴史はいくつもの王朝、政権によりつむがれてきた。秦や漢、隋や唐、元や清、そして中華民国や中華人民共和国。大航海時代に始まる台湾の歴史に登場する中国は、清、中華民国、そして中華人民共和国の三つである。

一六六一年　明の遺臣で日中の血を引く鄭成功が、オランダを台湾から追放。
一六八三年　鄭成功の孫鄭克塽《ていこくそう》が清に降り、この後二〇〇年あまり、台湾西部は清朝の支配下に入った。
一八九五年　清朝は日清戦争に敗れ、台湾を日本に割譲。
一九一一年　孫文の率いた辛亥革命によって清朝は倒され、中華民国が成立。
一九三七年　盧溝橋《ろこうきょう》事件を機に日中戦争が始まる。
一九四一年　日本は米英中など連合軍に対する太平洋戦争に突入。
一九四五年　日本が敗戦し、中華民国が台湾を接収。
一九四九年　中国の内戦で毛沢東率いる共産党軍が勝利し、中華人民共和国が成立。
　　同年　蔣介石率いる国民党軍は敗北し、中華民国政府が台湾に移転。
一九五二年　日本と連合国の間でサンフランシスコ平和条約が発効するに先立ち、日本と中華民国との間で日華平和条約が締結された。

太平洋戦争末期、沖縄での地上戦をへて、広島、長崎に原爆を落とされた日本は、連合国側から提示されたポツダム宣言を受諾するかたちで無条件降伏した。ポツダム宣言は、それ以前に出されたカイロ宣言の内容を踏襲し、日本に台湾、満州など清国から奪った領土を中華民国に返還するよう求めていた。

一九四五年当時、台湾には約五〇万の日本人がいた。軍隊関係者が一五万、民間人が三〇万強である。民間人の中には、国策による移住のため、日本の家産を全て処分し、台湾に骨を埋める覚悟で、一家全員、移り住んでいたケースも多かった。台湾で生まれ、「湾生《わんせい》」と呼ばれる子どもたちもいた。敗戦後も台湾に住み続けることを希望し、中国側の行政長官に掛け合った例もあったが、ポツダム宣言にもとづき、日本への帰国が命じられた。中華民国の側から留用を求められた技術者や台湾大学教授なども、一九四九年までには大方が帰国した。残ったのは、台湾人と結婚していた日本女性くらいだった。日清戦争から半世紀に及んだ日本と台湾の関係は、ここで一度断絶したのである。

戦後の日本と台湾

戦後の日本は、連合国を代表するアメリカ軍の占領下に置かれた。それまで海外に有していた植民地のすべてを失い、日本国民は自由に海外渡航することもできなかった。

一方台湾では、中華民国による接収が、期待されたような「祖国による解放」とはならず、台湾の人々はまるで新たな外来政権の統治下に置かれたかのようだった。理由は、大きく分けて二つあった。

第一に、半世紀に及ぶ日本統治下で義務教育が普及した結果、多くの台湾人は日本語を話し、読み書きすることは出来ても、中華民国の国語である中国語（北京語）は出来ない人がほとんどだった。だが、中華民国統治下にあっては、中国語が出来なければ公職等につけない。祖国に復帰したはずの台湾人は、再び二等国民の地位を押しつけられたに等しかった。共通の祖先を持ってはいても、言葉が通じなければ意思の疎通は難しい。中華民国の側では、そうした台湾人の状態を「日本による奴隷化教育」の結果だと考えて、新聞紙上や公共の場における日本語の使用を禁じ、中国語への切り替えを進めた。それが台湾人をさらに追い詰めた。

第二に、幅二〇〇キロの台湾海峡で隔てられてはいても、共産党による台湾への浸透は続いていた。あるいは国民党の側はそうした事態を極度に恐れていた。そのため、言葉の通じない台湾本省人に対しては、より厳しく共産党との接触の有無が疑われた。前述の通り、台湾に渡った国民党関係者（外省人）の中には、特務関係人員の割合が異常に高かったと言われる。蔣介石の息子蔣経国がその責任者であり、戒厳令下の白色テロを指揮していた。

こうした何重もの要因によって、台湾人が自由にものを言えない時代が、戦後四十年以上も続いたのである。日本との往来が台湾の特務機関の注意を引くことは明らかだったので、日本にいる台湾人は故郷の家族との連絡を控えた。

一九五二年に日華平和条約が結ばれると、日本に居住していた台湾人やその子どもたちも、問答無用で日本国籍を奪われ、中華民国籍となった。在留のためには、一定期間ごとに入国管理局に出向き、許可を得る必要が生じた。

亡くなった台湾人の夫との間に子どもをなしていた日本婦人から、子どもたちの日本国籍を復活させるため、日本の法務局と中華民国領事館に日参した苦労話を聞いたことがある。中華民国は徴兵制を敷いていたから、日本で育つ息子が前線に送られるかも知れないと考えると、不安でたまらなかったと言う。また、日本での身分が華僑（在外中国人）となったことで、中華人民共和国政府の周恩来首相による呼びかけに応えるかたちで、地縁も血縁もない中国大陸に「帰還」していった台湾出身者およびその日本人家族もいた。

台湾には、半世紀に及んだ植民統治により、日本国内に親類縁者のいる人も少なくはなかったが、戦後三十八年続いた戒厳令によって途絶えてしまった人間関係も多い。私の台湾の友人姉妹も、日本出身の祖母が亡くなったあと、鹿児島にいるはずの親戚と一切連絡が取れなくなってしまい、「お酒に強いのだけが、薩摩人の血かな」などと語るのだ。

白色テロの被害者には、台湾本省人にとどまらず、外省人公務員なども含まれていたことは、エドワード・ヤン監督の『牯嶺街少年殺人事件』に生々しく描かれている通りだ。だが、当時の本省人からすれば、すべては戦後、日本人が去った後にやってきた「中国人」の仕業ととらえられた。

2 日華と日中

日華親善の時代

第二次大戦後、台湾に移った中華民国は、かつて中国大陸で八年に渡って日本と戦火を交えた過去を持つ。しかし、共産党との内戦、朝鮮戦争にアメリカが介入したことによる冷戦へと事態が推移する中で、日米とともに反共勢力の一角となる道を進んだ。

蔣介石は「徳を以《もっ》て怨《うら》みに報いる」という精神で、対日賠償請求権を放棄し、それによって戦後日本の迅速な経済復興が可能になったと巷間しばしば語られる。だが、実際のところ、事情はもう少し複雑だった。日本への留学経験を持つ彼は、台湾海峡を挟んで中国共産党軍に対峙するため、日本の協力を必要としていた。事実、旧日本軍将校などからなる軍事顧問団が秘密裏に台湾入りし、白団《ぱいだん》という偽名で一九六九年まで活動していたことが明らかにされている。

中華民国政府は、台湾本省人に対しては「日本による奴隷化教育」を理由として弾圧する一方で、外交・安全保障面では日本に頼った。対内・対外政策の明らかな使い分けが存在したのである。

日本の右派勢力と蔣介石政権との親密な関係は「日華親善」と呼ばれていた。「華」は中華民国の「華」である。

その一方で、ほんのわずか前まで日本人だった六〇〇万の台湾本省人たちが、同じ政権による白色テロの危機にさらされていることに、ほとんどの日本人は無頓着だった。

情報が伝わらなかったわけではない。例えば、一九五五年の直木賞を受賞した邱永漢《きゅうえいかん》が、当時発表した小説、『密入国者の手記』、『濁水渓』、『香港』などは、みな二二八事件や白色テロを題材にしたものだった。また、台湾で政治的迫害を受けて日本に滞在していた民主派、独立派の人々が日本の入管当局により強制送還されるのに抗議する市民運動が起きていたし、小説家の丸《まる》谷才一《やさいいち》が、一九八二年に上梓して評判を呼んだ長編『裏声で歌へ君が代』は台湾独立運動の指導者が主人公だった。

戦後、一九八〇年代ごろまで、日本人がメディアなどを通じて見かける台湾人は、蔣介石親子をはじめとして、圧倒的に外省人が多かった。日本にやってきた芸能人でさえ、欧陽菲菲《オウヤン・フエイフエイ》もテレサ・テンも、国民党軍人を父に持つ眷村育ちの外省人だったのだ。そして、その頃は当たり前のこととして、彼ら彼女らのことを「中国人」と日本では呼んでいたのである。

同時に、中国大陸にあり、日本とは国交を持たなかった中華人民共和国のことを、日本人は「中共」と呼んでいた。それは本来「中国共産党」の略称だが、日本では中華人民共和国を正式な国家と認めず、単なる一つの政治勢力であるかのように扱ったのだ。その意味で「中共」は戦前よく使われた「支那《しな》」と同工異曲《どうこういきょく》だった（言葉の語源とは離れて、中国に存在する政権を承認しない場合に、これを「支那」と呼んだのである）。

中華民国の側も中華人民共和国の側も、中国は一つであり、自分たちの側が中国全体を代表しているとの立場を取った。そのため、中国と何らかの関係を持とうという人は、どちらか一方を選び、他方を遠ざける必要があった。どちらを選ぶかは政治的立場によって決まり、右派が国民党の中華民国、左派が共産党の中華人民共和国を支持するのは自明の理だった。

問題は、中華民国となった台湾には、国民党以外に、その弾圧を受ける台湾本省人たちがいたわけだが、日本では政権と人々が分けて考えられることがまずなかったということだ。また、戦後の日本で主流派となった左派系知識人たちが、こぞって共産党側を支持したことで、中華民国や台湾についての、日本語による知的な思索が長期に渡って空洞化し、植民地時代の差別意識が温存される結果を招いたということだ。

日中友好へ

「日華親善」が中心の時代、もう一つの中国である中華人民共和国は、半鎖国的政策をとっていた。そのため、メディアによって旧ソ連の「鉄のカーテン」になぞらえた「竹のカーテン」の向こうにある「蠅《はえ》一匹いない」巨大なユートピアあるいはディストピアとして描かれ、実際の様子は伝わらないままに二十年が流れた。

一九七一年、名古屋で行われた卓球の世界大会に中華人民共和国が代表団を送り込み、「ピンポン外交」を展開したことがきっかけとなって、アメリカ、日本などが相次いで共産党政権を承認。国連代表権も、それまでの中華民国から中華人民共和国に移った。あれよ、あれよと言う間に、中華民国は国連から、そして国際社会から追放されてしまったのである。

田中角栄首相の時代に、日中国交回復が実現すると同時に、台湾の中華民国との間に結んでいた日華平和条約は無効とされた。そうなると、まるで掌《てのひら》を返すかのようにして、日本では中華人民共和国を指して「中国」と呼び始め、中国との交流を「日中友好」と呼ぶようになった。

当時、日本の知識人の間には、まだ共産主義への幻想的な憧れがあった。おそらくはその影響で、テレビに映る毛沢東や周恩来など中国の要人は、軒並み体格が立派なだけでなく、大人の風格を備えているように見えたものだ。「日中友好」が一種のブームとなり、上野動物園にやってきた初めてのジャイアントパンダ、ランランとカンカンを見るために長い行列が出来た。

日本ではほとんど気づかれていないが、台湾で最も激しい反日運動が起きたのは、終戦時ではなく、一九七二年の断交直後である。日本に期待を抱いていた台湾本省人と、もともと反日的な外省人が、どちらも日本に裏切られたと感じて、『八百壮士』（一九七五年）、『梅花』（一九七六年）などの抗日戦争映画に観客が殺到した。後者の主題歌は、その後数十年間も、台湾人なら誰でも歌えると言われるほどのヒット曲となった。前者のタイトルは、四十年あまりののち、蔡英文の第二次民進党政権が、外省人軍人・公務員・教員に有利だった年金制度の改革を進めた際、反対運動で実力行動に出た老人たちのグループ名ともなった。

台湾ニューシネマによる「再発見」

映画好きであれば、一九八〇年代から九〇年代にかけて、中国語圏各地から優秀な若手監督が輩出されたことを知っているだろう。中国の陳凱歌《チエン・カイコー》や張芸謀《チャン・イーモウ》、香港のアン・ホイやウォン・カーウァイ、台湾の侯孝賢やエドワード・ヤン、アン・リーなどである。

台湾では、戒厳令時代の末期に、若手監督八人が撮った約六〇本の作品を指して「台湾ニューシネマ」と呼ぶ。主に戦後生まれの外省人二世でアメリカ留学を経験した人々が中心となり、製作したアートシアター系の作品群である。彼らの作品が、それまで衣料品など軽工業製品にしかついていなかった「メイド・イン・台湾」のタグを、初めて芸術作品にもつけたと言われる。実際、侯孝賢やエドワード・ヤンらは各地の国際映画祭で多数の賞を受け、注目を浴びた。

一九七〇年代に一度国際社会から追放されたかたちの中華民国は、十年をへて、新たに「台湾」として再登場したのだ。それは、第二次世界大戦で徹底的に悪者のイメージをまとった日本が、五一年に黒澤明監督の『羅生門』がヴェネチア国際映画祭で金獅子賞を受けたことにより、国際社会復帰の第一歩となったことを想起させる鮮烈な再登場だった。

長らく国民党政権との「日華親善」と共産党政権との「日中友好」に引き裂かれてきた多くの日本人が、戦後四十年ぶりに生身の人々が暮らす土地としての「台湾」を再発見したのは、侯孝賢やエドワード・ヤンの映画によってだった。

彼らの作品には、台湾に残された日本家屋などが映し出されたから、思わずノスタルジアを刺激されてしまった日本人も少なくなかった。しかし、第四章で述べたように、戦後の台湾で日本人が残した家に住んだのは大部分が外省人であり、中国から来た彼らにとって、畳敷きの木造家屋暮らしがむしろ耐え難い境遇だったことは、エドワード・ヤンの代表作から主人公の母の台詞をさきに引用した通りである。

だが、四十年の空白により、日本人全体の台湾に対するリテラシーは悲しいまでに下がっていた。日本家屋で育ったニューシネマの監督たちが、戦後、中華民国の教員や公務員だった両親とともに台湾に渡った外省人二世であるということは、ほとんど理解されなかったのだ（さらにいえば、彼らに次いで有名な監督の蔡明亮《ツァイ・ミンリヤン》はボルネオ島育ちのマレーシア華僑である）。

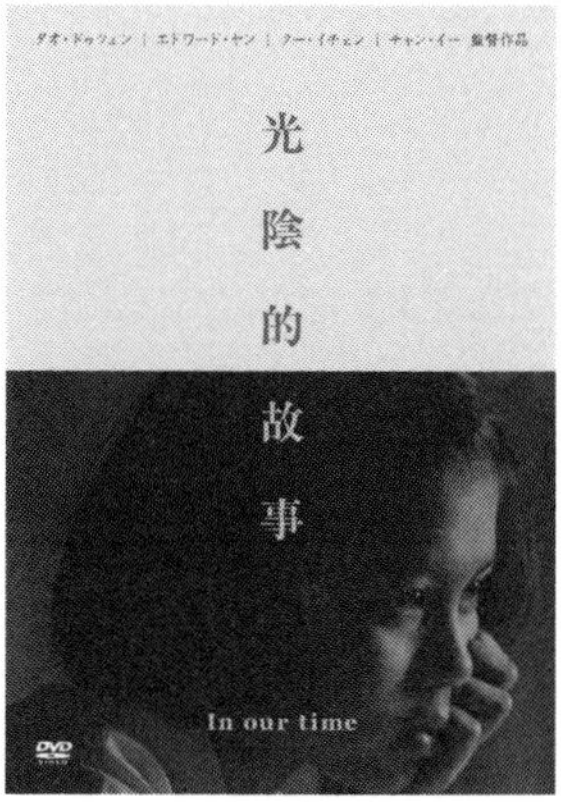

台湾ニューシネマの幕明きを告げたオムニバス映画『光陰的故事』DVD（発売：Happinet）

李登輝というキーマン

台湾では、一九七五年に蔣介石が長年叫び続けた「大陸反攻」を果たせないままで死去し、息子の蔣経国があとを継いだ。特務組織のトップ、白色テロの元締めとして恐れられた人物だったが、死の前年に戒厳令を解除し、また台湾本省人の李登輝を副総統に据えることで、自らの死去に伴い、李が初めての本省人総統となる道を開いた。

台湾についての日本語著作で、戦後最も大きな影響力を持ったのは司馬遼太郎の『台湾紀行』であろう。一九九三年から翌年にかけ、『週刊朝日』の「街道をゆく」シリーズが台湾を取り上げ、その最初と最後に李登輝総統が登場して、司馬と日本語で、台湾の来し方行く末を語り合った。その中で李登輝は、国民党を旧大日本帝国と同様の外来政権に位置づけたばかりか、旧約聖書の「出エジプト記」になぞらえて、中華民国からの「脱出」さえ示唆したのである。

日中国交回復後、日本のメディア各社は軒並みそれまで台北に置いていた支局を北京に移し、台湾に記者が常駐しているのは右寄りの姿勢が明確な産経新聞だけという状態が長く続いていた。朝日新聞といえば一般メディアの中では最左翼に位置すると受け止められている。それが『週刊朝日』で大きく台湾の李登輝を取り上げたばかりか、同時期に本紙の一面では、詩人の大岡信《まこと》が人気コラム『折々のうた』の中で、台湾人による短歌作品集『台湾万葉集』を紹介して、読者に衝撃を与えたのだ。

台湾歌壇の主宰者だった孤《こ》蓬万里《ほうばんり》は、こう歌っている。

「日本語のすでに滅びし国にすみ、短歌詠み継げるひとや幾人」

『台湾万葉集』に作品を寄せた台湾歌人たちは、ほとんどが李登輝と同様、日中戦争下の皇民化運動時代に多感な青春時代を過ごした人たちであった。その結果、読み書きばかりか感情生活全般を日本語によって生きてきたのである。彼らの作品中では、日本に対する懐かしさと様々な怨みが混淆し、それが南国らしい明るさと溶け合って独特の味わいを醸し出している。

京都大学在学中に岩里政男として学徒出陣した李登輝総統は、司馬との対談の中でも「自分は二十二歳まで日本人だった」と述べている。彼は日本人と日本語で話すことを好んだので、政界、財界、メディアなど各方面の日本人が、この後、面会を通じて李登輝ファンとなり、二〇〇二年には日本で「李登輝友の会」まで結成されて、積極的に政治宣伝活動を行うようになった。

司馬との対談における発言にも明らかなように、李登輝はそれ以前の国民党政権に批判的で、在任中には国民党を代表して、二二八事件被害者や遺族に謝罪した。また、自らの退任に際しては、「平和裡な政権交替が理想」と述べ、その後国民党と袂《たもと》を分かっている。

一方、それまで国民党政権との「日華親善」に熱心だったはずの日本側勢力は、李登輝という人物と手を握ることで、国民党と決別することなしに、政治的立ち位置を変更してみせた。陳水扁、蔡英文、ともに民進党籍で台湾本省人の中華民国総統は、いずれも自民党政権から友人扱いを受けている。蔡英文は就任前に安倍首相の故郷山口県を訪問して、安倍氏の弟による接待を受け、その後首相本人と面会した。彼女を学界の象牙の塔から政界にリクルートしたのが、ほかならぬ李登輝元総統であったことも関係していよう。

3 「天然独」vs「網軍」

国民党独裁から政権交代へ

戦後、台湾の政治地図は、国民党独裁の四十年をへて、一九八六年、国民党に反対する「党外」の活動家が結集し、初めての野党、民主進歩党（民進党）が誕生した。民進党はもともと台湾本省人を中心とし、台湾共和国の独立を目指していた。しかし、八九年に合法政党となり、国民党との選挙戦が展開されるようになると、「台湾は現状すでに独立している」という決議にもとづき、現状維持を対中関係の基本政策とするようになった。

国民党の李登輝時代は、一九八八年から二〇〇〇年まで十二年続いた。その間に、台湾社会の風潮は、強権独裁から自由民主へ一八〇度変わったと言ってよい。台湾の九〇年代は経済のバブルと政治の民主化が重なり、選挙のたびごとに各政党の旗が町中を埋め尽くして、カーニバルのような活気に満ち溢れていた。

その頃、日本では李登輝の友人と称する在日台湾独立派のメンバーたちが、右派の政論雑誌からテレビの討論番組へと進出していた。しかし、表面上はともかくとして、内心は一貫して独立派だった李登輝が中華民国総統の座に就いたという事実は、「中華民国から台湾が独立する」ことの意味がもはや実質的に消滅したことを示していた。

二〇〇〇年の総統選挙では、民進党の陳水扁が国民党候補を下し、初めての政権交代が実現した。そして、長年国民党政権のブラックリストに載せられて、台湾に足を踏み入れられなかった在外独立派らが、続々と帰台したばかりか、陳水扁政権の国策顧問に就任した。外来政権による植民統治という宿痾《しゅくあ》のごとき台湾政治の構造は、民主化の完成によって、この時、とうとう終了したのである。

だが、時を同じくして、対岸の中華人民共和国が改革開放政策の成功により、アメリカに次ぐスーパーパワーとして生まれ変わりつつあった。そして一九九七年の香港返還に続くステップとして、国民党が失った台湾を奪還しようとする意欲を隠さなくなっていた。

民進党は右か左か?

民進党の党旗は、緑の地を背景として、白十字が描かれた真ん中に、サツマイモの形をした台湾島が浮かぶもので、台湾中心（本土）意識が明確である。当初、ドイツの緑の党から影響されたというシンボルカラーの緑色が示すように、社会民主主義的傾向が強く、反原発、同性婚支持など、明確にリベラル路線である。にもかかわらず、台湾特有の歴史の中で、民進党は右翼政党とみなされてきた経緯がある。だから、歴代自民党政権の中でも最右翼の安倍政権が、台湾の民進党には親密な態度をとるのだ。

二十世紀の「中国」では、共産党と国民党が対立関係にあった。イデオロギー的にいえば、共産党は左、国民党は右である。台湾で国民党と対峙する勢力は、左側に立てば共産党の別動組織と見られ、白色テロの時代には、命を危険にさらしかねなかったこともあり、国民党よりもさらに右に立ち位置を求めるしかなかった。

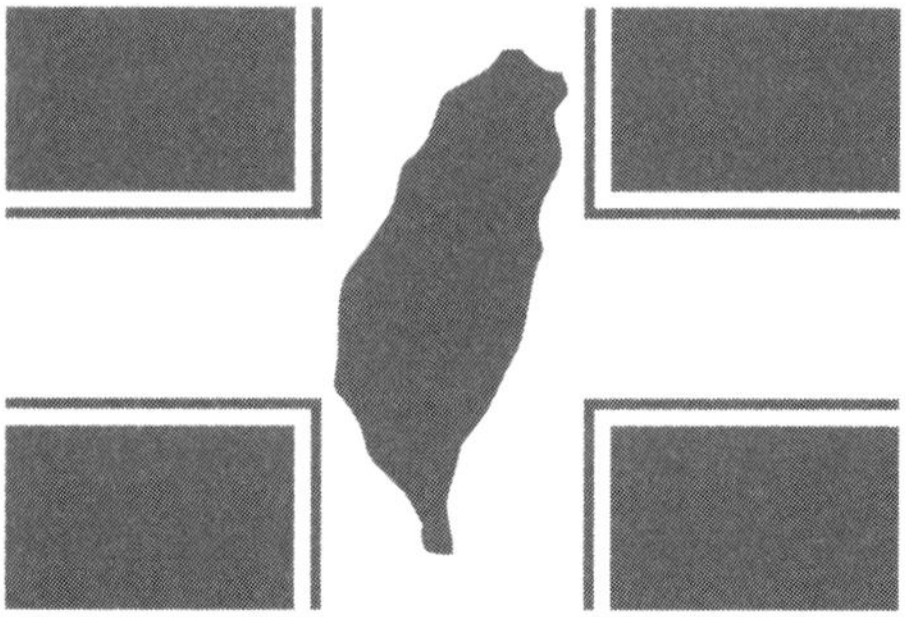
民進党旗

台湾民主化運動の先駆け的存在で、一九六〇年代から在野の省議員や立法委員として活動した郭国基《ていこつき》（一九〇〇—七〇）は、選挙カーの前方に大砲の模型をつけ、大音量の『軍艦マーチ』を流し続けたことで知られる。太平洋戦争中に大日本帝国海軍が行進曲として使用した反動で、戦後の日本では滑稽に聞こえ、そのためパチンコのテーマソングと化した旧軍歌である。小津安二郎監督が遺作となった『秋刀魚の味』（一九六二年）の中で取り上げ、自分の青春時代を否定的にしか懐かしむことができない世代の悲哀を象徴させたことをご存知の向きもあろう。
そのような曲を選挙カーから流すことは、日本と戦った経験を持つ国民党系外省人にとって、最も耐え難い嫌がらせと感じられた。だが、郭国基は警察から注意を受けても、「この曲が一番やる気を奮い起こしてくれるのだから」と言い、決してやめなかったという。

複雑なのは、郭国基が日本統治時代に、決して従順な植民地兵であったわけではないということだ。それどころか、日本に留学中は、台湾人が結成した史上初の政党である台湾民衆党に参加したばかりか、密かに中国国民党にも入党していた。帰台後は日本統治への謀反を企てたとして特高警察に逮捕され、二審で懲役十年の判決を受けて服役中、終戦で釈放された。彼らを逮捕した高雄州の特高課長は、戦後報復で殺されている。その後、郭国基は二二八事件で国民党の獄にも繋がれ、七か月間監禁されて出獄、国民党と袂を分かった。

他にも、のちに民進党の第三代、第四代主席を務める黄信介《こうしんかい》（一九二八―九九）は、本名を黄金龍といったが、初めて市会議員選挙に出る際、安倍首相の祖父岸信介にちなんで、名前を信介に改めたと伝えられる。

郭国基や黄信介のケースは極端だとしても、台湾人による台湾統治を希求する心情は、国際共産主義運動が健在だった二十世紀半ばにあっては、右翼的ナショナリズムとしてとらえられがちだった。

変化が起きたのは、二十一世紀に入り、経済的に台頭する中国が、政権こそ共産党が握り続けながらも、政策としては社会主義市場経済という名の国家資本主義路線をとり始めたことによる。つまり中国の経済政策が右方向に動いたことで、左側に民進党が身を置く空間が生じたのである。

二十一世紀の台湾と中国

蔣経国が最晩年に戒厳令を解除して、外省人兵士の帰郷を認めたのち、中華人民共和国の改革開放・社会主義市場経済路線は、香港とともに台湾資本が推し進めた面が大きかった。当時、台湾は豊かで、中国はまだ発展途上にあったから、数十年ぶりの帰郷には、両手いっぱいの土産物を持っていき、大盤振る舞いするのが定番だった。中国の若者たちの間では、テレサ・テンをはじめとする台湾のポップスやフォークソングが爆発的に流行し、三毛《サンマオ》や瓊瑤《チオン・ヤオ》など女性作家の恋愛小説が憧れの対象として大ヒットした。

世紀が変わる頃には、中国に長期滞在する台湾人は一〇〇万人にまで増え、彼らが投票のため一時帰台するかどうかで、選挙の結果が変わると伝えられた。そのために、わざわざチャーター便が確保されたりもしたのである。「台湾商人」略して「台商」と呼ばれる彼らは、当初、台湾よりも人件費の安かった中国に工場を設置して、完成品を海外に輸出することで利益を上げていたから、台湾海峡を挟む両岸関係が平穏であることを望んでいた。それには、独立志向が強く、共産党とそりの合わない民進党よりも、長期的には統一を志向する国民党の方がよい。

台湾が民主化され、民進党の存在感が増したことで、国民党と共産党が接近した。二〇〇八年から八年間総統の座にあった馬英九がよい例だが、物心つく前から台湾で育ち、政治家となっても、最終的な政治目標は中国との統一なのだ。共産党の側が一貫して統一を唱えていることはいうまでもない。かつては、統一のための枠組みが、孫文の三民主義（という名の資本主義）かそれとも共産主義かで対立したが、イデオロギーの時代はとうにすぎた。そうなると、両者は一九四九年以前、兄弟喧嘩のように合作や対立を繰り返した身内同士なのである。

もともと共産党は「統戦《トンジャン》（統一戦線）」と呼ばれる海外人士の取り込み活動に熱心だ。国民党のエリートたちは、この時期、中国との付き合いで個人的に利益を享受するようになり、政治的な関係を悪化させたくないと考えるようになった。かつて国民党と日本の自民党の間に存在した水面下の癒着関係のようなものが、国民党と中国共産党の間で再現されている。

ほんの少し前まで、豊かな台湾人が土産物を両手に下げて、中国に資本を持ち込む関係だったのが、あっという間に、中国の富裕層が台湾の高級マンションを買いしめて、値段を吊り上げていると囁かれるようになった。

中国の人口は台湾の六〇倍、面積は二七〇倍であることを考えれば、驚くには値しないことかもしれない。一九九〇年に台湾の二倍だった中国の名目ＧＤＰは、二〇一八年には二〇倍まで差を広げている。そして経済力の差は、両者の力関係に如実に反映されている。

「網軍」による攻撃

戦後半世紀に渡り、台湾では中国との軍事衝突に備えて、二年間の徴兵制を敷いてきた。しかし、二〇〇〇年以降は、徐々に期間が短縮された。特に馬英九総統時代、中国の観光客が大勢台湾を訪れるようになり、両岸の往来が頻繁になると、軍事衝突の可能性は下がったとして、段階的な徴兵制終了が決定された。

実際、台湾では、中国からミサイルを撃たれた場合を想定した全島的避難訓練が実施されてきたが、「その場合、中国からの観光客はどこに避難誘導すればいいのか」という不条理な問いが発せられる時代になっていたのだ。

現実的な脅威は、産業界を中心に、台湾社会全体が巨大な中国を無視できなくなっているところから来ている。そして、主要な戦場は、台湾海峡からウェブ空間へ移り、威嚇のための武器はミサイルからＳＮＳに変わった。

李登輝元総統の盟友で、かつては公然と台湾独立を唱えていた台南奇美実業の創業者許文龍は二〇〇五年に引退声明を発表して、「台湾独立を支持しない」と述べた。中国で広く展開するビジネスへの悪影響を考慮したものと受け止められている。

二〇〇八年になると、中国各地に「旺旺《ワンワン》」ブランドの煎餅《せんべい》工場を稼働させ、台湾有数の富豪に数えられる企業家の蔡衍明《ツァイ・イエンミン》が、台湾の有力紙『中国時報』を買収した。蔡が天安門事件での虐殺を否定するなど中国政府寄りの発言を繰り返したことで、同紙の不買運動も起きたが、他のテレビ局や雑誌社も次々と同系列下に入っている。自由経済、民主政治の台湾は、中国からの干渉や介入に対し、驚くほど無防備だ。

また台湾の芸能人が、政治的なタブーに触れたとして、ネット上で集中攻撃されるケースも相次いでいる。

二〇一六年に、韓国のアイドルグループTWICEのメンバーとして活動するチョウ・ツウィが、テレビ番組の中で中華民国の国旗を振ったとして、ネット上で激しい批判を受けた。「台湾独立派」と決めつけられると、中国国内でのCM契約が破棄され、グループのコンサート予定も取り消された。追い詰められたマネジメント会社が本人による謝罪ビデオをネット上で流し、「私は中国人です」と言わせて、やっと事態は収束した。

次いで台湾の有名俳優戴立忍《ダイ・リーレン》が、中国の著名女優でもあるヴィッキー・チャオ監督の作品に主演することが発表されると、中国のネット上で、彼がその二年前、ひまわり学生運動の際に学生たちを応援していた映像などが流され、作品ボイコットが予告される騒ぎになった。戴立忍自身、映画監督の経験もあり、自分の行為が中国側の映画人を苦境に陥れたことを気に病んだと見え、ネット上に長文の自己批判を発表、さらに主役を降板した。

こうした芸能人が積極的に台湾独立運動に関わっているわけではないことは、誰の目にも明らかだ。それにもかかわらず、見せしめ的な効果を狙い、叩かれている。

ネット上で彼らへの非難が急速に拡大するのは、ウェブ空間に、中国当局の意向をくんで投稿を繰り返す「網軍《ワンジユン》」(網はネットの意)が存在するためだ。

中国が巨大な市場である以上、芸能人を含め多くの人々が中国と関わる業務に携わるのは自然な流れだが、そうすると台湾ではごく一般的な発言や行動までも、批難の的となり得る。昨今、台湾や香港芸能界の授賞式などで、しばしば気まずい沈黙が生じているゆえんであり、言論の自由はすでに損なわれ始めている。

一方で中国は、飴と鞭《むち》の比喩を用いるなら飴に当たる方もたくさん用意している。例えば台湾大学の学長選挙にともなって、多数の大学教員が、無届けのまま中国の大学に客員として招かれていることが明るみに出た。若い学生たちに向けても、進学や就職に特別枠を設けて優遇するという誘いが絶えない。

「台湾独立」の現在

台湾の独立建国を目指す動きは、台湾民主国が清朝からの独立を宣言した時にさかのぼる。その後、日本統治下では大きな流れにならなかったが、第二次大戦後、中華民国に接収されると、国際社会に向けて台湾独立を訴えようとした人たちが、国民党政府からの弾圧を逃れ、日本やアメリカで長期にわたる活動を展開した。

二〇〇〇年から八年間、総統の座にあった民進党の陳水扁は弁護士出身で、公民投票の実施や台湾名義での国連加盟申請など、法律に則って台湾が独立国と認められる道をさまざまに探ったが、汚職などで選挙民の支持を失い、目標を達成することはできなかった。

その民進党統治への反動のようにして、二〇〇八年、国民党の馬英九は総統になるや否や、中華人民共和国との「三通」を解禁した。彼の在任中、共産党に譲歩する姿勢が目立ち始め、それに反対する学生らが立法院を占拠するひまわり学生運動が起きた。

馬英九はまた、任期終了間際の二〇一五年暮れに、中華人民共和国の習近平国家主席とシンガポールで電撃的な会談を行った。国共両党のリーダーが面会するのは六十六年ぶりで、世紀の会談と喧伝されたが、歴史的な共同声明などは出されず、会談後、台湾の側は馬英九本人が記者会見に臨んだのに対し、中国の側は随行官僚による会見となるなど、不均衡ぶりが際立った。馬英九の期待とは裏腹に、国民党の共産党に対する敗北そして結果としての従属が、はっきりと内外に示される結果となった。

その後、総統に就任した民進党の蔡英文は、「台湾の若者たちは『天然独』だ」と述べて、現状維持路線を強調した。民進党の見解によれば、「台湾は独立した政体で、中華人民共和国には属さず、国名を中華民国という」。中国に台湾攻撃の口実を与えないため、国名や国歌、国旗はあえて変更しない。そのため、中華民国の国歌は今も、もともと国民党の党歌だった『三民主義』のままである。

現状で台湾独立を語る場合、中華人民共和国からの独立を目指すことになるが、イギリスにおけるスコットランド、スペインにおけるバスク、あるいは中国におけるチベットや新疆ウイグル自治区などと異なり、台湾は過去においても現在においても、直接に中華人民共和国による統治を受けているわけではない。

だが、中国共産党の側からすれば、台湾が何らかの形で独立国として国際社会に受け入れられれば、チベットや新疆ウイグル自治区などが後に続いて、中華人民共和国の崩壊につながりかねないという懸念がある。そのため、「中国人同士」という一点を共有できる国民党に肩入れすることで、なんとか台湾をつなぎとめようとする動きが見受けられる。

台湾で中台関係をめぐる世論調査を行うと、常に「現状維持」が最多票を集め、独立支持や統一支持を上回る。多くの人々は「目の前にある平和な暮らし」に票を投じているのだ。けれども、「現状」の指す内容を詳細に検討すれば、少しまた少しと中国の影響力が強まっていることは間違いない。

中華台北と台湾

二〇一八年十一月の統一地方選と同時に行われた公民投票で、「東京オリンピックに台湾名義で参加する」ことを支持するかどうかが問われ、結果は反対派が賛成派を上回った。投票日直前にアスリートらが記者会見を行い、「オリンピックに出場できなくなるリスクを避けたい」と訴えたことが、結果を左右したと見られている。

独立を口にすることさえはばかられ、いつ「両岸一家親《リャンアンイージャチン》」（中国と台湾は一つの家族だ）と統一支持の表明を迫られるとも限らない中、せめてスポーツの場でくらい堂々と台湾を名乗りたいという希望すらも叶えられないほど、状況は厳しくなっている。

台湾の国際的呼称については、国連代表権が中華人民共和国に移った一九七〇年代から議論が繰り返され、八〇年代以降、オリンピックなど国際試合や一部の国際組織には「中華台北(チャイニーズタイペイ)」の名称で参加するようになった。また中華民国の国旗や国歌も使用が認められないため、オリンピックでは五輪と梅の花を合わせたデザインの旗が使用されてきた。

「中華台北」は中華人民共和国との間に妥協が成立した結果であり、台湾の人たちが自ら望んだ名称ではない。

「台湾」、それは単なる地名とは言えない重みを持つ名称なのである。

国民党政権による戒厳令下、「台湾」という地名には、独立を志向する政治的な色彩があるとして使用できず、先に紹介した孤蓬万里の台湾歌壇は、当初台北歌壇と名乗らなければならなかったという。のちに台湾歌壇と名称変更したことは、ホームページ上で「正名」と表現されている。

陳水扁の初代民進党政権下では、台湾政府の郵便事業である中華郵政を台湾郵政と名称変更した。けれども、次の馬英九政権により、再び中華郵政に戻された。

今では広く流通している台湾語という呼称に対しても、「台湾には他にも客家語や原住民族語があるのに、多数派の言語だというだけで台湾語の名を独占するのはよくない」とする否定的な立場があり、実際、馬英九政権時代には、学校の母語教育で教える際の名称を、もともと中国福建省南部の方言なのだからとして、一度正式に閩南語と呼び換えた時期もあった。

ことほどさように、「台湾」それは単なる地名ではない。

台湾語研究の第一人者で、のちに台湾語研究により初めて東京大学から博士号を受けた王育徳は、二二八事件で国民党政府から指名手配され、香港を経て日本へ逃亡、『台湾青年』誌を発行して、在外独立運動の理論的支柱となった。ブラックリストに名前が乗り、帰郷が叶わないまま、明治大学で教壇に立ち、東京で客死している。

その死から三十三年後の二〇一八年、彼の故郷である台南の市政府は王育徳記念館を開設し、東京の家から運んだ家具や蔵書、衣服、手紙など多数の資料を展示、遺族の参加も得て、開館記念式典を挙行した。日本から渡航した娘や孫娘が、亡父、亡祖父の愛した台湾語で挨拶している姿が印象的だった。

学術論文以外に、最も広く知られている王博士の著書は『台湾――苦悶するその歴史』である。日本で一九六四年に出版された著書が、中国語で本来の読者である台湾の人々に読まれるようになったのは、戒厳令解除後の九九年、原書の発行から実に三十五年後のことだった。そしてさらに十九年後、故郷に記念館が開設された。

生前叶わなかった帰国が、死後三十三年目にしてようやく全面的に叶い、王育徳は故郷台南の官民によって、公式に生前の活動を顕彰されることになった。台湾の人々が台湾の視点に立って歴史を書き改め、回復すべき名誉を回復していく作業は、今日も休むことなく続けられている。

第七章

映画と旅の物語

1　西海岸の旅

『練習曲』と「環島」ブーム

自転車で、オートバイで、鉄道で、台湾を一周する「環島」旅行が流行っている。そのきっかけとなったのは二〇〇七年に公開された映画『練習曲』（陳懐恩《チエン・ホワイエン》監督）だと言われる。

陳監督は長年、『悲情城市』など侯孝賢作品のカメラマンを務めた人物で、長編劇映画は同作が初めて。しかも公開当時、台湾映画界は不景気のどん底にあった。さらに『練習曲』は、聴覚障害を持つ大学生のミンミンが自転車で台湾を一周するというだけで、特にストーリーの起伏もない地味な作品だ。ところが、公開されるやいなや、口コミで人気が広がり、台湾で同年一番のヒット作となった。劇中主人公が口にする「いまやらないと、一生できないことがある」という台詞は流行語となり、夏休みを利用して自転車で台湾一周の旅をする若者が大勢出た。

『練習曲』は「環島」ブームの引き金になったが、実のところ、映画に海沿いの町が連続して現れるわけではない。ミンミンの家がある高雄こそ、終盤にちらりと現れるが、西海岸の大都市は台北も台中も台南も、映画には出てこないのだ。そのかわり、東海岸、水平線を見晴るかす太平洋の景色が、これでもか、これでもかと映し出される。「環島」は多くの台湾人にとって、東海岸を発見し、台湾全体のイメージを新たにつかむ人生のイベントなのだ。

　台湾は島でありながら、そこに住む人々は、あまり海に親しまないできた印象がある。邱永漢によれば、水深が深く、南北の潮流が強いため「黒水溝」と呼んで恐れられた台湾海峡を渡った祖先が感じた恐怖の記憶が影響しているという。さらに、戒厳令下、海岸は敵の上陸を警戒する軍隊の管制下にあって、武器を携えた兵士が二十四時間、警備に当たっていた。一般の人が水遊びや写真撮影するなどもってのほか。その名残りが長く残ってもいたのだろう。

『練習曲』の宣伝画像

　特に東海岸は高山が太平洋に迫って断崖絶壁の箇所も多く、気軽に訪れられる場所ではなかった。海沿いに南北をつなぐ道路は清末に建設が始まり、日本統治時代に貫通したが、アスファルト舗装、片側二車線で自動車による対面通行がようやく可能になったのは、一九九〇年のことである。また、鉄道での台湾一周も、最南部の恒春《ホンチュン》半島北部で、西の台湾海峡から東の太平洋までをつなぐ南廻《ナンフイ》線が開通したのは一九九一年。その後も何度か台風による土石流などで運休をよぎなくされ、全線電化は二〇二〇年の予定である。いずれにしても、楽々台湾を一周できる環境が整ったのは比較的近年のことと言ってよい。

　戒厳令下、中国の一部としてしか台湾に言及できなかった時代、人々の脳裏に映る台湾は巨大な中国大陸から海を挟んで右下に見える小さな島だった。ズームアップすると、今度は台湾海峡を挟んだ両岸だけが見える（ちなみに中国語で「両岸」と言うと、「中国と台湾」を指す）。日常の感覚としても、台北の人にとっては台北だけが生活圏、中南部や東部の人にとっては、自分の住む場所と台北のみが具体的に想像できる範囲だったのではなかろうか。

　台湾島という規模での空間把握が浸透していくには、民主化後も時間がかかった。そのプロセスを『練習曲』が後押しした。人々が「環島」というアイデアに夢中になったことで、台湾を一周するサイクリング道路が整備され、自転車を乗せられる鉄道車両も導入された。警察署には「鉄馬騎士《ティエマーチーシー》」こと自転車族の援護所が設けられた。約一〇〇〇キロ、一、二週間の道のりを一人で走るのは不安な人たちのために、自転車ツアーも計画された。

『練習曲』の五年後、今度は平均年齢八十一歳、計十七人の高齢者が、若者のボランティアに助けられつつ、十三日間でオートバイによる「環島」を果たす様子を撮った『不老騎士』（華天灝《ホワ・ティエンハオ》監督）が公開され、ドキュメンタリー作品の興行記録を塗りかえた。映画の中には、かつて日中戦争を敵として戦った台湾本省人と外省人の元兵隊二人が、約七十年後に肩を組み合うシーンが登場し、「環島」という行為を通じて、台湾人意識が具現化したさまを見せた。

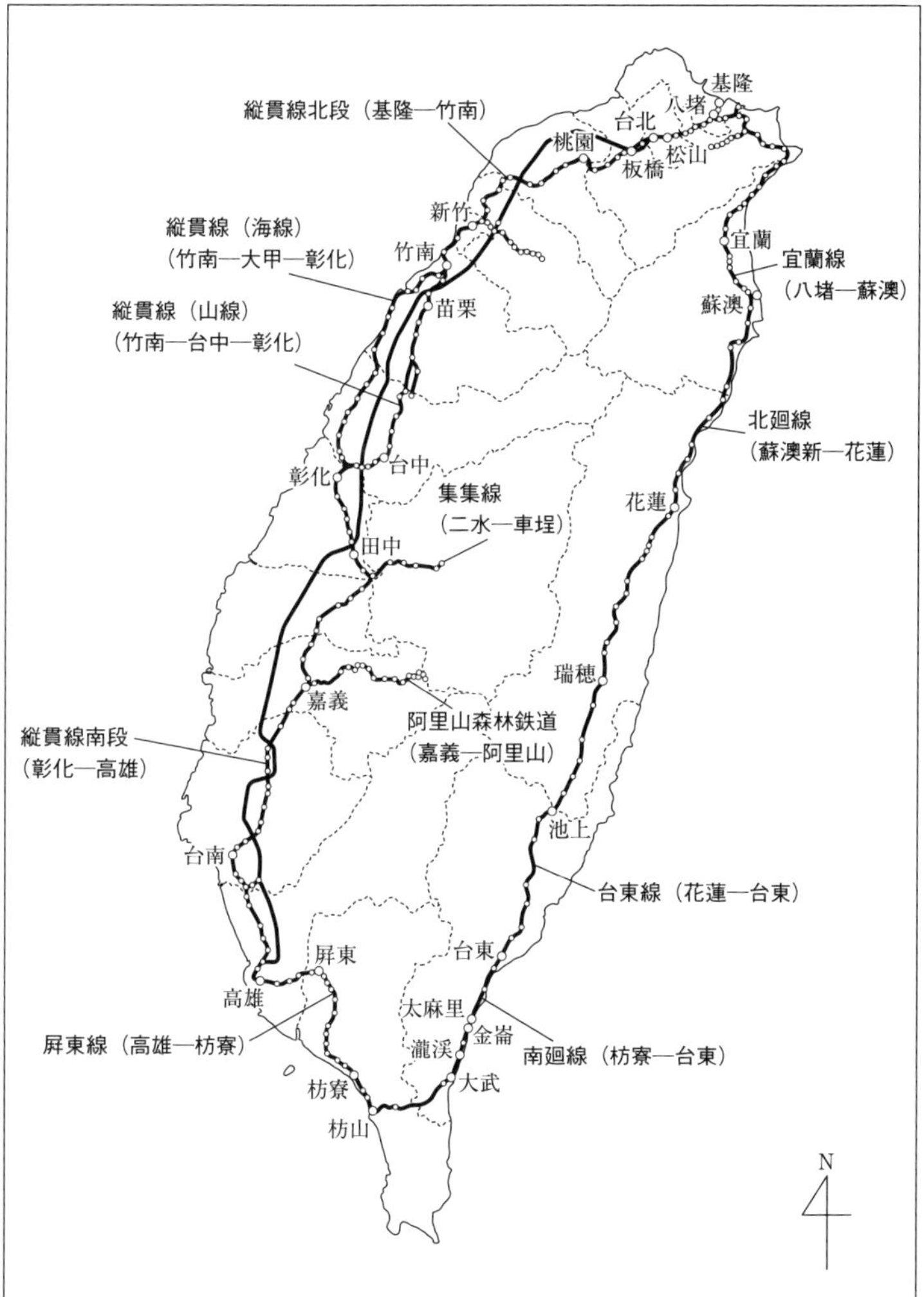
縦貫線北段（基隆—竹南）
基隆
八堵
台北
桃園
松山
板橋
新竹
縦貫線（海線）
（竹南—大甲—彰化）
竹南
宜蘭
宜蘭線
（八堵—蘇澳）
蘇澳
縦貫線（山線）
（竹南—台中—彰化）
苗栗
北廻線
（蘇澳新—花蓮）
台中
彰化
集集線
（二水—車埕）
花蓮
田中
瑞穂
嘉義
阿里山森林鉄道
（嘉義—阿里山）
縦貫線南段
（彰化—高雄）
池上
台南
台東線（花蓮—台東）
屏東
台東
高雄
太麻里
金崙
屏東線（高雄—枋寮）
瀧渓
南廻線（枋寮—台東）
大武
枋寮
枋山
N

台湾鉄道図（在来線・高鉄）

また、二〇一二年の映画『陣頭』（馮凱《フォン・カイ》監督）は、地域の祭りの際、太鼓やお面をかぶった踊りでその場を盛り上げる「陣頭」の面々が、「環島」しながら腕を上げていくプロセスを描き、やはり口コミで大ヒットした。

台湾という島をまるごと感じるためには「環島」が一番。いくつかの映画を見て、そう確信するに至った。残念ながら、自転車で回るほどには体力に自信がないので、在来の台湾鉄道を使うことにして。幸い、鉄道はほぼ海に沿って、台湾をぐるりと一周している。ところどころで下車しつつ、一番新しい台湾の姿を見て回ることにしよう。そう思い、二〇一八年八月、「環島」の旅に出た。

旅立ち——台北から

「環島」の出発地点となる台北駅は、在来線と台湾新幹線こと高速鉄道、地下鉄二線が乗り入れる巨大な駅だ。一日の平均乗降客数は約五〇万人。すぐ隣には台北から地方へ向かう長距離バスのターミナルもある。

ここにやって来るのは旅人ばかりではない。六階建て駅舎の二階には、若者たちでにぎわう各国料理のフードコートがあり、地下三階からは東西南北それぞれに一駅分ほどもある地下街が続いている。南部ほどではないにせよ、台北も亜熱帯の暑さが厳しいため、空調の効いた地下街は人気だ。切符売り場のある一階コンコースは、中央部が広場状の空間になっていて、平日夕方は学校帰りの中高生、週末は仕事休みの外国人労働者たちがやってきて、思い思いの場所に座り込んでは、おしゃべりに興じ、追い払われることもない。

鉄道による台湾一周だけなら、現在ではそれほど難しい話ではない。朝六時十分に台北駅を出発する列車番号一番の急行莒光《ジューグアン》号に乗れば、反時計回りに島を一周して、夜七時五十二分に台北に戻ってこられる。時計回りに旅したければ、列車番号二番に乗り込み、朝八時十分に台北を出て、夜九時四十分に戻ってくればよい。

台北駅構内

しかし、台湾各地の町を見たい、名物も食べたいとなると、やはり地図とガイドブックを開いてパソコンのキーボードを叩きながら、ああでもない、こうでもないと考えを巡らせるしかない。旅好きにとっては、そのプロセスが一番楽しかったりもするわけだが。

というわけで、「環島」の第一日目は、台北から特急自強《ズーチアン》号に乗り、西部幹線を台中まで南下することにした。切符は事前に日本からインターネット経由で予約し、クレジットカードで決済済みだ。切符売り場横の発券機にパスポート番号を打ち込むと、列車番号と座席番号が印刷された切符が出てきた。

在来線台湾鉄道の台北駅は、改札口が地下一階、出発ホームが地下二階にある。名物の鉄道弁当としぼりたてのマンゴージュースを買って改札を通り、お昼の十二時ちょうどに発車だ。ビーフンで有名な新竹を通り、途中竹南駅からは山線、海線に分かれるが、自強号は山線を通って台中まで、計二時間あまりの道のりである。

台北はもちろん、今晩泊まる台中、その先の台南にも高速鉄道が通ってはいるが、台北を除けば、軒並み駅が市街地から離れている。その点、今回利用する在来線のいいところは、料金が安い（台中までの距離は一六〇キロ、料金は乗車賃と特急券代込みで約一三五〇円）ことに加え、街の真ん中に到着することだ。そして、嬉しいことに、台湾ではどこの町でも駅前商店街が生きている。閉店する店があっても、開店する店があるのだ。それは起業のハードルが低いことで知られる台湾ならでは。目抜き通りを散歩しながら、土地土地の名物を食べ歩くことができる。

一番人気の町・台中

自強号の乗り心地は快適だ。エアコンが効いて、しかも寒すぎない。日本の新幹線と同じように、車両先頭部分の頭上に電光掲示板があり、注意事項が流れる。「咳をするときはティッシュペーパーか服の袖で口を覆ってください」など。車内放送は日本より少なく、乗客たちも物静かだ。食べ物や飲み物の車内販売があり、しばらくすると大きなゴミ袋を持った人が回ってくる。

台中駅はヨーロッパ風の重厚で美しい旧駅舎（一九一七年竣工）に代わり、新しいモダンな駅舎が出来上がっていた。幸い旧駅はそのままの形で保存されるようだ。

台中は近年、台湾の人々の間で注目度の上がっている人気の町だ。人口は三〇〇万人弱で台湾第二位。北部の台北からも、南部の台南や高雄からも程よい距離で、気候も比較的過ごしやすいと言われる。というわけで、新規流入人口が最も多い町になっている。

台中駅旧駅舎

日本統治時代の一九一五年に、初めて台湾人子弟のための中学校として開設された台中中学は、地元の篤志家らが資金を出し、建設用地を寄付したことで知られる。当時、他の中学校は日本人子弟を優先的に入学させたり、台湾人が学べる科目を制限したりしていたため、台湾人による台湾人のための教育施設が渇望された。入学を許可されたのは、各学年二クラス一〇〇人のみで、全島から集まった秀才ぞろいだったという。そこは教育の場であると同時に、民族の誇りを象徴する場でもあったと、現在も同校のホームページで語り継がれている。

そうした経緯もあって、台中は文化の香りがかぐわしい町だ。

　国立自然科学博物館、国立台湾美術館に続き、二〇一五年には日本人建築家伊東豊雄《とよお》の設計による国家歌劇院（ナショナルオペラハウス）が竣工した。白亜の曲面のみで出来上がったユニークな劇場で、大劇場、中劇場、小劇場とあり、この日は、大劇場で韓国発のミュージカルが上演されていた。作品の評判が高く、台北から高鉄に乗って見にきた韓流ファンも大勢いる様子。台湾らしくて素晴らしいと感じたのは、公演が行われている大劇場以外の部分は、無料で市民に開放されていること。一階のホール部分では、散歩に来たついでのようにして、オルゴール作りのワークショップに熱中している親子連れの姿を見かけた。

　台中市内には、古い日本家屋数棟を利用した台中文学館もある。地元出身の作家や、台中を拠点とする出版社などの紹介があり、台中中学卒業生を中心に、台湾語文学の伝統が存在することを知った。市内にセンスのよい書店やカフェがいくつもあることは、メディアを通じて見聞きしていたが、それにはそれだけの背景があるわけなのだ。

　もう一つ、面白く感じたのは、台中には「長崎蛋糕《チャンチーダンガオ》（長崎ケーキ）」という看板をかけたカステラ専門店が何軒もあること。他に地元発祥の台湾式パイで麦芽糖を包んだ「太陽餅」も、素朴な美味しさが捨てがたい。さらに台中独特のサンドイッチもあり、イギリス式というか日本式というか、ふんわりとした薄い食パンに軽い味わいのハムや卵サラダを挟んだサンドイッチが、種類ごとに異なる綺麗な包装紙に包まれている。

とはいえ、近年、台中で最も話題なのは、間違いなく、日本統治時代の眼科医院を超おしゃれなスイーツ屋に改装した「宮原眼科」である。建物内部は日本風も洋風も通り越して、ハリー・ポッター風（?）と言われる。壁沿いに天井まで、見上げるほど高いガラスの本棚が備え付けられているなど。銀座資生堂パーラーの一階をうんと大げさにしたような感じと言おうか。

シーズンごとに制服が変わるという従業員たちによって売られているのは、信じられないほど種類が豊富なアイスクリームに月餅《げっぺい》のトッピングなど、かなりアヴァンギャルドだ。何しろチョコレートアイスだけでも、カカオ含有量一〇〇パーセントから四三パーセントまで十六種類もある。お茶アイスは十三種類。フルーツアイスは二十種類。ヨーグルトアイスは九種類。コーヒーアイスは六種類。他にもオリジナルアイスが八種類で、ワッフルは三十五種類。

宮原眼科の本棚（提供：PIXTA）

近くには同じグループが経営する、旧信用金庫の建物を利用したスイーツ屋もあり、そちらで頼んでみたおすすめのマンゴーかき氷は、三人がかりでようやく食べきれるほどの量だった。料金も日本円で二〇〇〇円ほどと安くはないが。何事につけ、小さめ小さめになりやすい日本とは、はっきり異なり、過剰化傾向が感じられる。

台中市内では、初めてとなる市内鉄道がちょうど建設中で、道路の混雑を緩和するためか、公共バスにスイカのようなICカードを利用して乗ると、最初の一〇キロメートルまで（ということは、ほぼ市内全域）無料のキャンペーン中だった。何だか一つ一つやることがあか抜けている印象。市内を流れる柳川《リウチユワン》、緑川《リユーチユワン》も水遊びができるよう整備されていて、時間が許すなら、しばらく滞在して楽しみたい町だった。

台南再訪

台湾のホテルは十二時チェックアウトのところが多く、午前中いっぱい観光できる。スイーツ屋の先にある洪瑞珍《ホンルイジエン》餅店の上品なサンドイッチを購入してから、前日と同じ台湾鉄道の特急に乗車した。台中から台南までは、さらに二時間。台湾は食べものの種類が多く、また美味しいものが多いため、どうしても食べすぎになりがちだ。お昼にたくさん食べると、夜までお腹が空かない危険性がある。上品なサンドイッチでつなぐのが賢明である。

さて、台南は久しぶりの再訪だ。前回二泊の予定で来たところ、まったく時間が足りず、泣く泣く立ち去った記憶がある。だが、結論から言うと、二泊を三泊にしても、まだ全然足りなかった。こういう充実している町は、例えばイタリアの世界遺産フィレンツェに行くときには一週間は滞在するように、一か所滞在型の旅を計画すべきなのだ（ちなみに台湾は国連に参加できないため、世界遺産はない）。不思議なのは、台南は決して東京やニューヨークのように大きな町ではなく、市街地の面積は東京ディズニーランドと大して変わらないらしいこと。いつも時間が足りないのは、熱帯で行動力が落ちるためか？　それとも、いつも満腹なためか？

台南駅に到着。ホームで人々が電車を待っている

とりあえず、前回行ったオランダ時代の遺跡や台湾文学館、孔子廟などはスキップして、南の郊外と北の郊外にある台湾歴史博物館と奇美博物館を訪ねた。前者はタクシーの運転手さんが「奇美の間違いじゃない？」と何度も確認するのも納得のガラガラぶりであったが、大変面白く見学した。媽祖や王爺を祀るお祭りの様子や、江戸時代にやって来たちょんまげ姿の日本人、植民統治時代の呉服屋の様子などが、実物大の人形を使って再現してある。恐ろしかった「警察大人」に挟まれて記念撮影もできる（一一五頁参照）。博物館好きにおすすめ。

奇美博物館は西洋楽器、西洋美術、武器、動物などに特化した展示で、日本の戦国時代に使用された鎧兜《よろいかぶと》のコレクションには驚いた。また、第一章でも説明したが、ヴァイオリンなど西洋楽器の充実ぶりは、パリの楽器博物館にも負けない。しかも実物の展示とオーケストラ団員による説明や演奏のビデオが大変上手に組み合わされていて、コンサートホールのバックステージツアーに参加するような楽しみ方ができる。

修復が完成して六十年ぶりに蘇った林百貨、台南駅の反対側にある成功《チョンゴン》大学の博物館など、台南には小規模ながらアート好きの心をくすぐる場所がたくさんある。かなり年季の入った建物の、窓格子や壁面タイルに凝ったデザインが見られたり。それは中国風とも日本風とも違い、むしろ南洋マラッカで見た中国とマレーのミックス、ニョニャ文化を思わせる。

台湾文学館近くのロータリー沿いに何軒かある帆布カバン屋も、どうしても行きたい場所の一つだ。台湾の中高生が使っている学生鞄は帆布製で、そういえば日本でも一九七〇年代まで、男子中学生は白の肩掛け布カバンを使っていたではないかと思い出した。台南には、かつて南中国や東南アジアでよく見かけた、住居と商店が一体化したショップハウスの伝統がまだ生き残っている。目の前で店の人がミシンを踏むうちに、素敵なカバンが出来上がってくるのを見るのは本当に楽しい。色の組み合わせも絶妙で、お土産にも一押しである。

食べ物についての詳細は専門のガイドブックに譲るとして、台南は食文化全体のレベルが高いので、どこで何を食べても外れがない。今回は冷房目当てで入った鴨肉麵の店が美味しかった。家族経営の食堂はどこでも、鶏ガラや豚骨、鴨肉屋ならば鴨の骨でとったたっぷりのスープと滷肉飯《ルーロウファン》（豚肉飯）にかける煮込み肉の大鍋が標準装備だから、さっと茹でた地瓜菜《ディーグワツァイ》（サツマイモの葉）などにちょいちょいとスープや肉だれをかけるだけですごく美味。一〇〇メートル歩くごとにタピオカミルクティーやフレッシュジュースを売っているし。

あと一言付け加えるならば、有名店である度小月の担仔麵はどのガイドブックでも紹介されているから、皆さん必ず行くことでしょう。その場合、是非おかずも合わせて頼むべき。豚足ってこんなに美味しいものだったんだ。牡蠣って小さい方が味が濃いんだね。腸詰うまし。カラスミうまし。どこでも味の染みた煮卵食べられて、台湾てほんとにいいよね。食は文化であるなどとあえて言わずとも、お腹が膨れると同時に、台湾料理への愛が膨れ上がること間違いなしだ。

2　東海岸の旅

南廻線と『来不及墓園』

台北から中南部へ旅する人は、西海岸の台中、彰化、嘉義、台南、高雄などに、在来線や高速鉄道で向かうのが一般的だ。一方、台北から東海岸の台東や花蓮へは、反対方向の列車に乗るか飛行機で向かうことになる。その結果、鉄道を利用して、台湾南部を西海岸から東海岸に、あるいは反対に抜けるのは、基本的に地元の人に限られる。例外は鉄道で「環島」中のわれら旅人。

この日は、午前十時二十五分、台南から例の台湾一周トレイン、列車番号一番の台鉄急行莒光号に乗り込み、中央山脈を越えて一気に台東県の池上まで、四時間半におよぶ移動を計画した。池上着は午後三時近くになるが、ぜひ現地で食べたいものがあるので、車内への持ち込みはコンビニのおにぎりと紅茶にした。ちなみに、台湾はどこにでもコンビニがあり、おにぎりが売られている。具や味付けは、日本と少し違う場合もあるが、だいたい美味しい。

台南を出て高雄あたりまでは、いつも通りの混み具合だったが、枋寮《ファンリアオ》駅から南廻線に入ると、急に空席が目立つようになった。右手に台湾海峡が見える。列車はさらにしばらく南へ進んだあと、枋山《ファンシャン》駅を過ぎたあたりで進行方向を東に変えた。すると、突然、そこまでの景色が幻のように消え去り、左右の窓の外は、緑濃い山中に変わった。

聞くところでは、中央山脈の南端あたりを東西に横断する約一〇〇キロの道のりに、トンネルが全部で三十五か所あるという。その全長は四〇キロにもおよぶ。他に渓流を渡る大小の橋も百五十八。どうりでしばらくの間、窓外の風景は、トンネル、山、渓流、トンネル、山、渓流の繰り返しとなったわけである。スマホが圏外と表示する区間が約四〇分ほども続き、気がつくと右手には果てしない太平洋がひらけていた。

その後は、各駅停車の列車しか停まらない小さな駅を六つか七つ通り過ぎる間、ずっと左手に高山、右手至近距離に海の単線区間が続く。線路が、まるで赤ん坊のように山にしがみついている。よくもこんなところに鉄道を通したものだと感心せざるを得ない。その分、景色は息を飲むほどに美しい。この景色を見るためにだけでも、ここを再訪したいと思うほどに。

大武《ダーウー》、瀧渓《ロンシー》、金崙《ジンルン》、太麻里《タイマーリー》。通り過ぎるホームの駅名表示を見ていて気がついた。『練習曲』の冒頭、美しい海の夜景が現れた場所だ。ここはまた、台湾で最初に太陽が昇る場所だといい、初日の出を見るために、観光客が大勢やってくると聞く。しかし映画の中でもそうだったが、この日も、駅や浜辺には人っ子一人見当たらなかった。

美しさは時に残酷である。誤った印象を人に与えることがあるから。しばらく後、SNSでこの地域から動画が届いた。「拡散希望」でタイトルは『来不及墓園《ライブジームーユエン》』。ドキュメンタリー作品で有名な楊力州《ヤン・リージジョウ》監督が撮っている。

「来不及」とは「間に合わない」という意味だ。台湾鉄道南廻線と並行して走る南廻公路《ナンフイゴンルー》は、全長一一〇キロあまり。その区間には医師が巡回する保健所があるだけで、入院設備はない。最も近い病院でも六〇キロメートル以上離れている。そのため体調を崩しても、受診するのが遅くなり、治療が間に合わない。医師から「なんでこうなるまで来なかったのか」と叱責されて、病人は若くして命を落とす。

十分弱の短編ドキュメンタリーに登場する語り手は、娘の葬式を営む老人。もう一人は太平洋を見下ろす怖いほど美しい墓園を管理する六十歳の男性。彼は自分の息子を四十歳で亡くしたばかりだ。

「親父が息子の墓を守るとはね。息子が目を閉じる前に、言ってやった。次に生まれてくるときは、間違ってもこんなところに来るんじゃないぞ。右に行けば金のある場所、左に行けば金のない場所。間違っても二度とこんな金がなくて苦しい場所に生まれてくるなよって」

動画の終わりには「二〇床の南廻病院を作るのが、それほど難しいことなのか」と問う楊監督の声が聞こえてくる。人口六〇〇〇人の台東県大武郷では、すでに十数年間も病院の整備が必要だと語られながら、一向に実現していないのだ。そのため、最近も都会での職を捨てて帰郷したばかりの若者が交通事故に遭い、救命が間に合わずに死亡したという。

一九九一年、台湾を一周する鉄道の中で最後に開通した南廻線だが、いくつかの駅は利用客がほとんどいなかったため、すでに廃止されてしまった。よそ者の目には限りなく美しい手つかずの自然が、そこに暮らす人々にとっては残酷な環境だとしたら、あまりにも辛い。

池上弁当

台湾の南東角に位置する台東県は、台北から最も遠い場所だ。人口は二二万ほどで、離島を除けば台湾各県の中で最も少ない。

南廻線の大武駅から太麻里駅までの約三〇キロは、線路と道路が太平洋岸ぎりぎりの場所をほぼ直線で南北に走る。この沿線にあり「台湾で最も美しい駅」に選ばれた多良《ドゥオリヤン》駅は、すでに廃駅となったが、その後も車やバスで訪れる人が絶えないというから皮肉だ。

列車は北に進み、温泉ホテルの立ち並ぶ知本《ジーベン》、県庁所在地の台東を過ぎると、線路はやや山寄りに海岸を離れて、左右に広がる水田の間を駆け抜ける。

初めて地図上に池上、瑞穂という地名を見つけたのはいつだったか。その頃はまだ、台北から足を伸ばすには遠い場所という印象だった。明らかに日本統治時代に由来する地名が、実際以上に遠く感じさせたのかもしれない。

池上は台湾では馴染みのある地名だ。台湾原住民族の居住地に、十九世紀末以降、日本人が入植して池上と命名し、遠く皇室にも献上されるほど美味しい米の産地として知られるようになった。その名を冠した「池上飯包（弁当）」の店も台湾各地にある。私もよその土地では食べたことがあったが、ぜひ現地で本物を味わってみたいものだとつねづね思っていた。日本統治時代にさかのぼる歴史を持つ駅弁。近年はホームでの販売こそ見られなくなったが、池上駅の内外で木の箱に入った暖かい弁当を売っていると聞いていた。

ところで近年、池上はさらに大きく知名度をあげていた。

最初に、現地で撮られた缶コーヒーのコマーシャルが評判になった。一面の稲穂が黄金に光る田んぼ。その真ん中を走る道路は、一九・五キロもの直線を描き、見渡す限り一軒の家も、一本の電信柱もない。アメリカ中西部を思わせる空間だが、たわわに実った稲が台湾特有の気配を醸し出す。年に二度、春と秋に米を収穫できる豊かな自然環境のなせるわざだが、その景色は偶然に生まれたものではなく、景観を守るために建築を許可せず、電信柱は地下に埋めるという地元主導の方針が徹底された結果だという。

二〇〇九年からは、台湾好基金会《タイワンハオ》という団体が地域創生事業の一環として、毎年池上の田んぼの真ん中に舞台を設置し、芸術祭を開催するようになった。池上郷の住民は八〇〇〇人あまり、うちアミ族などの台湾原住民族が四分の一をしめる。芸術祭には、住民のほぼ一〇人に一人がボランティアとしてかかわり、ピアノや管弦楽のコンサート、張恵妹《ジャン・フィメイ》、伍佰《ウーバイ》など有名歌手のライブ、海外でも知られる雲門舞集《ユンメンウージー》のダンス公演などを開催してきた。また、作家や音楽家、学者などを招聘して、地元民と継続的に交流する文化活動にも取り組んでいる。

「金城武の樹」（提供：PIXTA）

そこに二〇一四年、ちょっとした事件が起きた。田んぼの真ん中の道を俳優の金城武《かねしろたけし》が自転車で走るエバー航空のＣＭが放映されたのだ。大きな木の下で、旅人を労《ねぎら》う、やかんから入れたお茶を飲む場面は特に評判を呼び、「金城武の樹」を目指してやってくる観光客が絶えなくなった。地元の側としては、観光客は歓迎だが、農作業の邪魔になったり環境を破壊されては困る。それで樹の周辺は自動車の立ち入りを制限し、物品の販売を禁止し、ゴミ箱を置かないなどの措置を取った。

池上駅は近年建て替えられ、木造の高い天井の下に絵画などが展示されて、美術館のような佇まいとなっていた。とはいえ田舎の駅で自動改札機もコインロッカーもない。切符を駅員に手渡して出ると、ボランティアの老人が必要な手助けをしてくれる。まずは、スーツケースを駅の手荷物預かりで保管してもらう。手荷物預かりというが、いまさっき切符を受け取ったばかりの駅員さんが、今度は荷物部屋の鍵を開けて、引換券を渡してくれるのである。

今回は雨に降られてしまい、田んぼの間を走るサイクリングはあきらめるしかなかったが、美しい光景と評判の弁当は存分に味わうことができた。台湾の鉄道弁当は、ご飯の上にスペアリブや鶏モモや豚の角煮など大きな肉が必ず乗っている。そのボリュームは日本では想像もできないほどで、野菜や煮卵も必ずついている。ベジタリアン向けには別に精進弁当もある。弁当を売る店の中にはセルフサービスのスープもあって、とても美味しかった。

瑞穂温泉へ

池上駅で次の北行き列車を待ち、瑞穂温泉へ向かった。

台東から花蓮にかけて全長一五〇キロの台湾鉄道台東線では、車内放送が中国語、台湾語、アミ語になっている。アミ語は台湾原住民族中でも、人口二一万と最も数が多いアミ族の言語だ。

車内には台湾原住民族の若者カップルが座っていて、そこへ途中からハイキング帰りらしい漢人中年男女のグループが乗り込んできた。どうやら中年グループが予約してあった席に若者二人が座っていたらしく、立ち上がって席を移動している。どうせガラガラの車内だし、台湾鉄道では指定席車両であっても、指定券を持つ人が乗ってくるまで、別の人が座っていていいルールになっている。どういうこともない、しかし日本では見ることのない日常の一コマだ。

日本と同じく火山列島の台湾では各地に温泉が湧いている。台湾原住民族は地面から湧き出る熱い水を忌避したので、開発されたのは日本統治期のことだ。当時のままの建物も各地に残っている。今回泊まる瑞穂温泉もそのうちの一つだ。

電車は県境を越えて花蓮県に入った。この辺りは花蓮と台東から一文字ずつ取った花東縦谷《ホワドンゾングー》という呼び名が示すように、山と海の間に細い平野が南北方向に伸びている。

瑞穂の駅で降りたのは、ちょうど日暮れ時分で、田畑や山は久しぶりに見る暗さの中に沈んでいた。台湾東海岸の闇は西海岸より一段も二段も深い。駅前のコンビニでタクシーを呼んでもらい、一〇〇年の歴史を持つと聞く瑞穂温泉に向かった（台湾では田舎町を含め、各地にコンビニがあって、買い物のほかに、ＡＴＭでお金を下ろしたり、Ｗｉ－Ｆｉを使ったり、この時のようにタクシーを呼んでもらったりできる）。

瑞穂温泉は日本統治時代、警察の保養所だったが、戦後民間に払い下げられたという。山小屋のようなロビーを中心として左右の棟に洋室と和室が並んでいるが、和室は畳敷きのガランとした大部屋で、学生グループの合宿用といった趣。「洋室の方にはテレビもエアコンもあるから」と教えられ、そちらに泊まることにした。食事の提供は朝飯だけで、夜お腹が空いた人用にカップ麺、スナック菓子と瓶入りの台湾ビールが売られている。

瑞穂という地名は、もちろん日本人の命名によるもので、元は水尾といった。戦後も公式の地名は瑞穂のままで今日に至っているが、地元役場のホームページによると、土地の人は今も昔も一貫して台湾客家語読みの「水尾《シュイムイ》」あるいはアミ語で「コーコー」と呼んでいるのだそうだ。台湾に「残る」日本にあまり幻想を抱かないほうがよいという一例である。

瑞穂温泉の大浴場

大浴場は屋外の温泉プール形式で、水着着用が義務づけられている。泉源に近く小さい湯船はかなり熱いが、大きい湯船の方はちょうどいい温度だ。客室のバスルームにも温泉が引かれているし、プールの脇には家族風呂も並んでいるが、温泉は大きいに限る。水質は鉄錆《てつさび》色の炭酸塩泉で兵庫県の有馬温泉に似ている。さっそくドボンと浸かれば、ああいい気持ち。頭上に渡した葦簀《よしず》に雨がポツリポツリとあたり、趣を醸し出す。台湾の温泉はどこもそうだが、ここも浸かれば男の子を授かる「子宝の湯」と言われている。

翌朝は半分テラスになった食堂でお粥の朝食を食べた。明るい中でよくよく見渡せば、山の一軒宿である。おかずには台湾名物の豚肉でんぶ、塩炒りピーナッツ、腐乳《フールー》

（豆腐のチーズ）、きゅうりの漬け物、筍の和え物、デザートにグアバなど。台湾は筍の産地で、年間を通して、さまざまな種類を味わえる。筍の季節が春に限られる日本で、ラーメンにメンマを乗せるのが定番となったのは、台湾からいつでも塩漬けを輸入できたからだ。

原住民族と台湾映画

昨日送ってもらったタクシーの運転手さんが、今朝は宿まで迎えに来てくれた。前日降りる際に名刺を受け取っていたのだが、ここではどうやら、同じ運転手さんに往復とも頼むことになっているようだ。やはり前日同じ電車に乗っていた中年男女のグループが、温泉リゾートのマイクロバスで駅まで送り届けられていた。近年の観光開発で新しいホテルが建ち、近隣の牧場訪問と合わせて楽しむのがブームらしい。

列車は田舎町瑞穂から東海岸の都会花蓮に向かう。

花東エリアでは、車中や街中でもはっきり原住民族とわかる人を多く見かける。花蓮でチェックインしたホテルでも、フロントに立つ男性、女性ともに原住民族のようだった。

台湾社会における原住民族の地位は、厳しくはあるにせよ、確実に上昇している。一九九〇年代以降は、出自をカミングアウトする芸能人が増えた。アン・リー監督の初期作品『ウェディング・バンケット』で上海生まれの画学生を演じた金素梅《ジン・スーメイ》は、のちに原住民族選挙区から出馬して立法委員（国会議員）に転じた。彼女は太平洋戦争で亡くなった先祖の霊魂を台湾に返せと、靖国神社前で抗議行動をしたこともある。また、日本のテレビ番組でも活躍したビビアン・スーは、父が外省人、母がタイヤル族で、近年は『セデック・バレ』（魏徳聖監督）など原住民族を描く作品にも積極的に出演しているばかりか、資金援助までしている。

『セデック・バレ』は、日本統治時代に、台湾原住民族の蜂起が日本軍による大規模な鎮圧につながった霧社事件を映画化して大ヒットし、社会現象ともなった。霧社事件の映画化は過去にも例があるが、魏監督は演技経験を持たない原住民族を多く起用し、現地のセデック語によるセリフを大幅に導入したことで、過去の作品とは一線を画した。かつては、台湾原住民族役でも主要な役柄は漢人俳優に演じさせ、セリフは中国語とすることが多かったのだ。また、公開前の試写会を台北の総統府前広場で行い、当時の馬英九総統と野党民進党の蔡英文党首が並んで鑑賞したほか、原住民族の代表らも招かれたのも印象的であった。

同年、日本では東日本大震災が起こり、台湾から二五〇億円という巨額の義援金が送られている。そのことが、日本社会の台湾観に大きな影響を与えたが、ほぼ同じ時期に、台湾では原住民族も本省人も外省人も揃って『セデック・バレ』を鑑賞し、霧社事件を含む日本統治の暗黒面を再認識していたのである。台湾人の日本観は決して単純なものではない。

また、二〇一五年公開の『太陽の子』（レカル・スミ、鄭有傑《ジョン・ヨウジエ》監督）は、現代社会を描く映画として初めて、台湾原住民族に関するテーマを原住民族語により、原住民族俳優で撮った作品として評価されている。

『太陽の子』は花東地区に観光ホテルを建設する計画を阻止して環境と伝統を守るため、地元の原住民たちが立ち上がる物語だ。主人公であるアミ族の女性バナイは、子どもの頃から漢人名を名乗って中国語を勉強し、長じてはテレビ局のレポーターとなったが、故郷の危機と家族の寂しさを目にして生き方を変える。太平洋の大海原と黄金の稲穂を背景に、これまで繰り返し日本人や中国人への同化を強いられてきた台湾原住民族が、自らの力で本来の名前を取り戻す瞬間が深い感動を呼ぶ。

花蓮の旅

花蓮県は台湾で最も広い面積（四六二八平方キロ、京都府とほぼ同じ）を持つが、総人口は三三万と鳥取県よりも少ない。県庁所在地の花蓮市は三〇平方キロに約一〇万人が住む。海と山が美しい小ぶりの都会で、中国文化の影響が顕著な西海岸とは大きく異なり、新開地の雰囲気を持つ。東海岸と西海岸、両者があって台湾があるのだと、「環島」を終えつつある今、思い至る。

東海岸は漢人による開発が遅れた分、美しい自然が残されたが、その反面、日本統治時代には日本の影響を強く受け、また戦後になると、日本人が去って生じた空間に、西海岸からの客家や中国から来た外省人が多く移り住んだ。そして、戒厳令時代の国民党が統治のために、地元「黒道」（ヤクザ）の力を借りたことが禍根を残し、現在まで、県や市の行政に影響を与え続けている。たとえば二十代で県議、三十代で花蓮市長となった国民党所属政治家の場合、祖父の代から地元で葬祭業を手広く営む家の出身で、元市長の伯父は県議の父とともに選挙違反で入獄。父は出獄後、恐喝事件により再逮捕されている。市議だった姉も、在職中に夫とともに未成年女性への暴行事件に加わり辞職しているなど、「黒道」一家とみなされる理由に事欠かない。母も元県議、弟二人は現職市議で、本人の選挙戦では、戒厳令下で政治暗殺事件に関与しアメリカで長く服役した有名なヤクザ政治家が応援演説をしたため、敵対する民進党から「黒金政治一家」と批判された。「金」は「金牛《デンニウ》」こと選挙違反と利益誘導の略である。

花蓮の鉄道文化創意園区には、西海岸の民進党エリアではのきなみ撤去された蔣介石の像が、いまだに昔通り設置されている。ここは鉄壁の国民党地盤なのだ。また、一見何の変哲もないワンタン屋に行列ができているので、何事かと思って尋ねると、蔣介石、蔣経国、馬英九と三代の国民党籍総統が、ここでワンタンを食べたという。総統退任後に国民党と袂を分かった李登輝の名前が出ないのは、おそらく偶然ではないのだろう。

現在も残っている蔣介石像

とはいえ、ネガティブな角度からだけ花蓮を語ったのでは不公平だ。

小ぶりの町だけに、市内ほとんどの場所に歩いて行くことができる。太平洋戦争中、日本軍の司令部があった場所は美しい太平洋を見下ろす小高い山の上にあり、今では松園別館《ソンユエンビエグワン》という名の観光施設になっている。戦時中、花蓮から飛び立つ特攻隊員は、出撃の前日、この場所に招かれて盃を受けたと言い伝えられている。

町中では観光客がワンタン屋や肉まん屋に行列しているが、地元で人気の「鵞肉先生《オーロウシエンシヨン》」という店に行ってみた。日本では聞かないが、中国南部や香港、台湾では鵞鳥をよく食べる。鴨よりもさっぱりした味わいだ。花蓮流は丸ごと蒸しあげた鵞鳥の肉をスライスし、タレにつけていただく。内臓を使ったおつまみと一緒に食べるととても美味しい。そこから二、三分歩いたところには「西瓜大王《シーグワダーワン》」という名の果物店があり、一年中西瓜を食べられるほか、カットフルーツやジュース類もたいへん豊富だ。

残念ながら長居はできないので、せめて記念になる品を買いたいと思い、酒造工場跡に開いた文化創意園区（一三二頁）に行く。地元の人が開いた手作りのクラフト店などが軒を連ねている。広い工場敷地内は日陰に入るとひんやりとして、散歩するのにちょうどよい。結局、園区の外にある布地屋で台湾原住民族伝来の柄だという生地を買った。何に加工するかは、日本に帰ってからゆっくり考えることとして。

中心部のホテルから三キロほど離れた花蓮駅まで乗せてもらったタクシー運転手さんの話が忘れられない。

六十歳ほどに見える彼は、前年に奥さんと二人、五月から七月まで、六十八日間にわたる日本旅行を楽しんだという。鹿児島からスタートして、外国人旅行者向けに販売されている新幹線周遊券を使い、一路北へ、北へと。宿はすべて民宿で、予約は事前にネットで済ませたそうだ。一番印象に残った場所はどこかと尋ねたところ、一瞬も迷うことなく、

「一面に咲く薫衣草《シュンイーツァオ》（ラベンダー）を見た北海道の富良野だね」

という答えが返ってきた。

「環島」の終わりに

花蓮から台北まではあっという間だった。実際には、一九〇キロメートルの距離を特急タロコ号で二時間あまり走ったのだが。すっかり台湾鉄道の旅に慣れて、まったく快適だったせいもあろうし、できればこの旅が終わることなく、いつまでも続けばいいのにと内心思っていたせいもあるかもしれない。

「環島」ブームのきっかけとなった映画『練習曲』は、ちょっと変わった作りになっていて、主人公の旅の二日目から始まり、一日目で終わる。映画の最後が旅の始まりなのだ。どうしてだろうと以前は不思議に思っていた。だが、一度「環島」を通じて台湾全体を抱きしめるような経験をすると、心の旅は容易に終わらず、永遠に続いていくという感覚が確かにある。

台北のホテルは市内東部にある松山空港に近い宿をとっていたので、終着駅の一つ前、松山で降りてもよかったのだが、せっかくの「環島」を記念して、やはり出発地の台北駅まで戻ること

にした。

一週間ぶりに戻った台北は、文字通りの大都会だった。台北駅の地下街だけで、他の都市の繁華街と同じほどの大きさがありそうだ。かつて台北の地下鉄といえば、永遠に完成しないものの代名詞だったが、今では各方面への路線がすっかり整備された。建物の内部はどこも空調がいい具合に効いて、暑すぎもせず、寒すぎもせず、ゴミひとつ落ちていないし、大声で話をする人もめったにいない。近年、中華圏で台湾の「民度」が最も高いと言われる所以だ。

台北ではまず淡水河方面に向かい、北の下町迪化街で、きくらげや干しエビなど、日本よりずっと高品質で低価格の乾物をたっぷり仕入れる。ついでに台湾土産としてすっかり定着したナッツ入りのヌガーも買っておこう。あとは軒を並べる布地屋で、客家伝統の花布で作ったクッションカバーを二つ。次に南の下町萬華の龍山寺に向かい、観音様と媽祖様に「環島」の旅が無事終わったことを報告する。

龍山寺はいつも通り大勢の人でにぎわっていた。

台湾の人々はいつも祈っている。

私も祈る。

実を言うと、「環島」の間、スマホ上には台湾関係のビッグニュースが流れ続けていた。台湾の中華民国と外交関係のある国は、もともと数少なかったのだが、ひとつ減り、またひとつ減って、この週、中米エルサルバドルが中国と国交を結び台湾と断交したことで、残り十七か国となってしまった。

その上、強力な台風が私の通過直後に台南を襲い、洪水の被害が出た。現場を視察に訪れた蔡英文総統が装甲車から降りなかったことで、態度が横柄だと非難する声が巻き起こった。冷静沈着な個性は、場合によっては冷淡に見えてしまうのだ。

わずか二年前、民進党が政権に返り咲き、彼女が総統に就任したとき、式典で民間の国歌とも言える『美麗島』が大合唱されたことを思い出す。

「我らの揺りかご美麗島、母の温かい胸元。先祖たちが見つめる、僕らの足跡。何度も繰り返す。忘れるな、忘れるなと。ここにあるのは尽きせぬ命。水牛、稲穂、バナナ、玉蘭《ぎょくらん》の花」

その中心的世界観は「台湾＝本土意識」である。パレードでは、台湾島をいっぱいに描いた緑の横断幕が掲げられ、台湾原住民族やＬＧＢＴの人たち、自由の女神に似た白い像が総統府前を通り過ぎた。国民党時代とは全く異なる台湾の姿がそこにあり、時代の曲がり角を見る思いがしたものだ。

その後の二年間、蔡英文政権は過去のしがらみを絶ち、新しい社会を創出するため、果敢に既得権層に対する改革を進めた。だが、原発全面停止や同性婚の合法化を明言するなど、理念優先のスタイルは、高く評価する人がいる一方で、皮肉なことに、中南部や東部の庶民たちに疎外感も覚えさせてしまったようだ。台湾化を進めて中華民国の実質的フェイドアウトを目指す路線は、少なからぬ人々の間に祖国を失う不安も引き起こした。

そこへエルサルバドルとの断交である。

「もう、独立なんてありえない。あるのは誇り高い統一と惨めな統一のどちらかだけ」

統一推進派のテレビ局の討論番組では、政治評論家が口から唾《つば》を飛ばしている。

「次に旅行に行くとき、パスポートの表紙に中華人民共和国って書いてあったら寂しいな」

と誰かがＳＮＳに書くと、

「パスポートだけで済むほど甘くないかも」

という書き込みが続いた。亡国の可能性を普通の人たちが肌身で感じている。その結果、中華民国への郷愁が広がり、統一地方選への影響が出始めていた（そして十一月の選挙では、かつて民主化運動の根拠地だった南部の高雄で、中国共産党に近い国民党候補がまさかの大勝利をあげる）。

それでも、この一週間、台湾社会は勇敢に平常心を保ち、淡々といつも通り機能していた。列車は定時に運行し、人々は相変わらず穏やかだった。台湾の人たちは老若男女問わず明るく、その人懐っこさは、できることならスーツケースに詰めて日本に持ち帰りたいものナンバーワンだ。

だから、せめて心の中で祈り続けよう。

永遠なれ、美麗島、台湾。

おわりに

台湾について日本語で本を書くこと。それは私にとって、長年の課題でした。

日本生まれ日本育ちの日本人でありながら、私はひょんな偶然から、中国語で文章を書く仕事につきました。もう三十年近く、香港や中国の新聞、雑誌に原稿を寄せ、本を出してきましたが、一番つき合いが深いのは台湾です。《中国時報》《中央日報》《国語日報》《自由時報》《聯合報》《蘋果日報》等の新聞や雑誌にコラムを連載し、台北の大田出版から刊行された著作は三十点に上ります。

そうした仕事が可能であったのは、日本に対して深い関心を寄せる読者が、台湾に大勢いたからにほかなりません。振り返ると、当初お手紙をいただいた読者は、私の両親よりも年配で一九二〇年代生まれの方だったと記憶しています。それが現在では、一九九〇年代生まれの若者からメールが届くようになりました。異なる世代の経験や価値観は違っても、日本に対する思いの強さは一貫していて、そのことに私は感銘と同時に焦燥を覚えてきました。

ある時、研修で初めて日本を訪れた台湾の大学院生から、「どうして台湾には日本についての情報があふれているのに、日本人は台湾のことをほとんど知らないのですか」と納得のいかない表情で尋ねられたことを覚えています。

またある時、研究のため日本に滞在していた台湾の大学教授から、「どうも日本人が関心を持つ台湾は、常に日本と関係のある台湾ということのようですね。日本と無関係の台湾というものは、想像できないのでしょうか」と言われたこともあります。

そうした経験から、文章を書くことを仕事とする以上、いつかは台湾について日本語で本を書き、ひとりでも多くの方に読んでもらいたいと願ってきました。同時に、台湾について書くならば、必ずや新鮮な語り口で、とも考えてきました。

意外なことに、時間の流れは、思いもよらなかった変化を引き起こしました。東日本大震災のあと、台湾から多額の義援金が寄せられたことがひとつのきっかけとなり、日本人の台湾に対するイメージが大きく改善したのです。旅行をして台湾びいきになる人も増え、高校生の海外修学旅行先としては、第一位の目的地に躍り出ました。東京の町々では、台湾発のタピオカミルクティーやかき氷に、若い女性たちが長い列を作っています。

ここ数年は、私よりもひと回り若い世代の日本人による台湾本が続々と出版されて、観光、グルメだけでなく、鉄道、建築、文学、新しいライフスタイルなどなど、それぞれの分野に関する情報の詳細さは地元の人も舌を巻くほどです。

今回、筑摩選書で台湾について書く機会をいただき、いよいよその時が来たという思いと、どう書くのがいいだろうかという迷いが錯綜しました。

実を言うと、長年物書きを続けていると、不思議な現象が起こります。自分が経験した印象深いエピソードを語ると、若い世代の読者から「珍しい歴史のひとコマを知ることができました」という感想をもらうのです。台湾でも中国でもシンガポールでも。中国語圏の変化が、それほど早く、また大きいということでしょうが、それだけとも言い切れない感じがします。どうやら、人間半世紀も生きて、文章を書き続けていると、自然と歴史の一部になってくるというか、以前は直線的に進んでいたはずの時間が、どこからか曲線を描き始めたようでもあり、やがて来る「還暦」とはこういう意味だったのかと、今更ながらに気づきつつある今日この頃なのです。

であれば、戒厳令時代、民主化時代、国民党時代、民進党時代と、台湾のさまざまな時代を自分の目で見てきたことは、すなわち歴史を生きてきたことを意味するのかもしれません。長年にわたって、中国語の本を読み、書いてきたことも。さらには、この間、さまざまな台湾の人たちと出会うなかで、彼ら彼女らの顔に浮かんだ表情とその意味を頭の中で何度も何度も考え、反芻してきたことも。

普段は中国語で執筆しているため、日本では「一体何を書いているのか」と問われることが多いのですが、近代以降の中国語文学には「雑文《ザーウエン》」というジャンルがあります。日本語でいう雑《ざっ》文《ぶん》とは異なり、叙情性を備えた評論文を指します。この雑文の始祖、代表的作家は魯迅《ろじん》です。私が中国語のコラムで目標としてきたのはそうしたスタイルの文章で、今回日本語で本書を記すに当たっても、同じ方針をとりました。

最後に、本書が世に出るまで、私を支え続けてくれたみなさんに、この場を借りて、心より感謝の意を表したいと思います。まずは身近な家族に。そして私を台湾メディア界に招いてくれた詩人の楊澤氏に。二十年間、切れ目なく本を出し続けてくれた台北・大田出版の荘培園さん、蔡鳳儀さんに。永遠の参謀としてどんな質問にも答えてくれた東森テレビの呉如萍さんに。インタビューに時間を割いていただいた呉叡人先生、米果さんに。「親日と古い建物だけではない台湾を」と本書の執筆を誘ってくれた河内卓さんに。そのご縁をつないでいただいた管啓次郎先生に。そして、麗しの島、台湾に。

謝謝大家、多謝！

新井一二三

二〇一九年二月、東京・国立

主な参考文献

【日本語文献】
遠流台湾館編著、呉密察監修『台湾史小事典』横澤泰夫編訳、中国書店、二〇〇七年
王育徳『台湾――苦悶するその歴史』弘文堂、一九七〇年
王恵君・二村悟著、後藤治監修『図説　台湾都市物語』河出書房新社、二〇一〇年
片倉佳史『台湾新幹線で行く台南・高雄の旅』まどか出版、二〇〇七年
邱永漢『香港・濁水渓』中公文庫、一九八〇年
呉明益『歩道橋の魔術師』天野健太郎訳、白水社、二〇一五年
呉明益『自転車泥棒』天野健太郎訳、文藝春秋、二〇一八年
国立編訳館『台湾を知る――台湾国民中学歴史教科書』蔡易達・永山英樹訳、雄山閣、二〇〇〇年
司馬遼太郎『台湾紀行』朝日新聞社、一九九四年
周婉窈『図説　台湾の歴史』濱島敦俊監訳、石川豪・中西美貴訳、平凡社、二〇〇七年
西澤泰彦『植民地建築紀行――満洲・朝鮮・台湾を歩く』吉川弘文館、二〇一一年
野嶋剛『映画で知る台湾』明石書店、二〇一六年
丸谷才一『裏声で歌へ君が代』新潮社、一九八二年
村上政彦『「君が代少年」を探して』平凡社、二〇〇二年
若林正丈・松永正義・劉進慶編著『台湾百科』大修館書店、一九九〇年

【中国語・英語文献】
新井一二三『台湾為何教我哭?（なぜ台湾は私を泣かせるのか）』大田出版、二〇一〇年
翁佳音・曹銘宗『大湾大員福爾摩沙』猫頭鷹出版、二〇一六年

漢賓徳『文化与文創』聯経出版、二〇一四年
管仁健『外省新頭殻』方舟文化出版、二〇一六年
顔世鴻『青島東路三号』大雁文化事業、二〇一二年
呉叡人『受困的思想』衛城出版、二〇一六年
謝奇峰『図解台湾神明図鑑』晨星出版、二〇一四年
徐世栄『土地正義』遠足文化、二〇一六年
焦大衛『神・鬼・祖先』聯経出版、二〇一二年
張素玢『未竟的植民　日本在台移民村』衛城出版、二〇一七年
陳秀琍『林百貨——台南銀座摩登五桟楼』前衛出版社、二〇一五年
朱天心『想我眷村的兄弟們』麦田出版、一九九三年
水瓶子『台北漫歩』玉山社出版、二〇一八年
台湾教授協会『島国——関賤字』左岸文化、二〇一四年
台湾教授協会『照破——太陽花運動的振幅、縦深与視域』左岸文化、二〇一六年
陳虹因『一本就懂台湾神明』好讀出版、二〇一七年
傅月庵『父子』早安財経、二〇一九年
李筱峰『以地名認識台湾』遠景出版、二〇一八年
陸傅傑『被誤解的台湾老地名』遠足文化、二〇一五年
米果『如果那是一種郷愁叫台南』大雁文化事業、二〇一二年
李秀娥『図解台湾葬礼大百科』晨星出版、二〇一五年
亮軒『青田街七巷六号』爾雅出版社、二〇一八年
龍應台『天地長久』天下雜誌、二〇一八年
Cole, J.M. *BLACK ISLAND: Two Years of Activism in Taiwan*. CreateSpace Independent Publishing Platform, 2015.

新井一二三　あらい・ひふみ

東京生まれ。明治大学理工学部教授。早稲田大学政治経済学部卒。北京外国語学院、広州中山大学へ留学。朝日新聞記者、亜州週刊（香港）特派員を経て、中文コラムニスト。著書に『中国語はおもしろい』（講談社現代新書）、『中国中毒』（三修社）、『中国・台湾・香港映画のなかの日本』（明治大学出版会、林ひふみ名義）、『台湾為何教我哭？（なぜ台湾は私を泣かせるのか）』（台北大田出版）、『独立、従一個人旅行開始』（上海訳文出版社）などがある。

筑摩選書 0174

台湾物語《たいわんものがたり》　「麗《うるわ》しの島《しま》」の過去《かこ》・現在《げんざい》・未来《みらい》

二〇一九年四月一五日　初版第一刷発行
二〇二五年五月　五　日　初版第四刷発行

著　者　新井《あらい》一二三《ひふみ》
発行者　増田健史
発行所　株式会社筑摩書房
東京都台東区蔵前二-五-三　郵便番号　一一一-八七五五
電話番号　〇三-五六八七-二六〇一（代表）
装幀者　神田昇和
印刷　製本　中央精版印刷株式会社

　ISBN978-4-480-01681-2 C0322

筑摩選書
0006

我的日本語
The World in Japanese

リービ英雄

日本語を一行でも書けば、誰もがその歴史を体現する。異言語との往還からみえる日本語の本質とは。日本語を母語とせずに日本語で創作を続ける著者の自伝的日本語論。

筑摩選書
0026

関羽
神になった「三国志」の英雄

渡邉義浩

「三国志」の豪傑は、なぜ商売の神として崇められるようになったのか。史実から物語、そして信仰の対象へ。その変遷を通して描き出す、中国精神史の新たな試み。

筑摩選書
0043

悪の哲学
中国哲学の想像力

中島隆博

孔子や孟子、荘子など中国の思想家たちは「悪」について、どのように考えてきたのか。現代にも通じるこの問題と格闘した先人の思考を、斬新な視座から読み解く。

筑摩選書
0062

中国の強国構想
日清戦争後から現代まで

劉傑

日清戦争の敗北とともに湧き起こった中国の強国化への意志。鍵となる考え方を読み解きながら、その国家構想の変遷を追い、中国問題の根底にある論理をあぶり出す。

筑摩選書
0089

漢字の成り立ち
『説文解字』から最先端の研究まで

落合淳思

正しい字源を探るための方法とは何か。『説文解字』から白川静までの字源研究を批判的に継承した上で到達した最先端の成果を平易に紹介する。新世代の入門書。

筑摩選書
0114

孔子と魯迅
中国の偉大な「教育者」

片山智行

古代の混沌を生きた孔子は人間性の確立を、近代の矛盾に立ち向かった魯迅は国民性の改革をめざした。国家と社会の「教育」に生涯を賭けた彼らの思想と行動を描く。